不因畏难而搁笔

回忆

罗常培 于志恭 等著

老舍

中国文史出版社

百年中国记忆·文化大家

主　　编：　刘未鸣　韩淑芳

执行主编：　张春霞

编　　辑：　（以姓氏笔画为序）

卜伟欣　牛梦岳　李军政　李晓薇

赵姣娇　高　贝　徐玉霞

老　舍

1930年老舍在齐鲁大学

老舍结婚照

1930年老舍与好友在中南海合影

1958年《茶馆》彩排时老舍与导演、演员座谈

1958年夏老舍在北京一处荷花池边小憩

20世纪50年代末老舍在北京寓所

老舍与家人

老舍在北京家中莳养花卉

华罗庚、老舍、梁思成、梅兰芳合影

老舍在英国

老舍与曹禺在美国

老舍在写作

晚年老舍

CONTENTS 目　录

第三辑　八方风雨：愿以笔代枪

百年中國記憶
BAINIAN ZHONGGUO JIYI

第一辑

憎懂少年时：天生洒脱，豪放，有劲

老舍与小杨家胡同

王铭珍

在新街口南大街路东，护国寺街以北，有一条小胡同，叫小杨家胡同，它从前叫小羊圈胡同。别瞧胡同小，不起眼儿，可它在京城却是大有名气的。

您看过老舍先生的名著《四世同堂》吗？它的主人公就住在小羊圈胡同。主人公是虚构的人物，可小羊圈胡同却是真有其地的，光绪年间出版的北京地图此处标注为羊圈胡同，因同别处羊圈胡同重名，遂改为小羊圈胡同。

小羊圈胡同是一条很特别的胡同。它不像北京通常的街道那样横平竖直，而是弯弯曲曲拐了五道弯。它的形状像一个歪脖葫芦，整条胡同长不过百米，是由葫芦嘴、葫芦脖、葫芦胸、葫芦肚四个部分组成。胡同开始处宽不足1.4米，直到进入葫芦胸和葫芦肚部分，才宽阔起来，也才有了人家，总共有10个门牌。有些住房还依然保持着清朝的风貌：清水脊的门楼、街门上的六角门钹、门墩上的石兽以及整整齐齐的旧式四合院。

老舍先生早年曾在小羊圈胡同8号居住过，老舍故居位于葫芦肚，街门坐南朝北，砖木结构，青砖灰瓦。进院是倒下台阶，院子不大，有一棵大枣树和一棵臭椿树。老舍先生说："小羊圈，说不定，这个地方在当初或者真是个羊圈。"并且说"葫芦胸，葫芦肚"大概就是羊圈。

19世纪末20世纪初，小羊圈胡同里是下等人居住的地方。时隔不久，葫芦肚小空场的两棵大槐树下，就有一个集市，集市一过相当安静。夏天，槐树上垂丝而下的绿槐虫在微风中打着秋千，偶尔招来一两个孩子，观看它们吐丝表演；冬天，寒冷的北风卷着枯叶败草呼啸而过，往每家窗台上送几堆灰褐色细土摞起来的小包包。空场之中，难得看见几个人影。光绪二十五年（1899）二月二日晚，老舍就诞生在小羊圈最靠东南的一个小院子，一个属满族正红旗下的贫苦家庭里，当时家人为他起了一个相当喜庆的名字——舒庆春，表示庆祝早春到来的意思。

14岁之前，舒庆春一直住在小羊圈胡同。他早年丧父，母亲没有奶水，靠往浆子里加一点糕干把他喂大。母亲和小姐姐一天到晚忙着替人家做活洗衣服。孤独、寂寞和清苦伴随着他的整个童年。小羊圈和小羊圈东南角上那个小院子便是他的活动场所。院外的大槐树、院内的石榴树和歪歪拧拧的枣树是他不会说话的好伙伴。他没有玩具，南屋里翻出来的染红颜色的羊拐和几个磕泥饽饽的模子成了他仅有的宝贝，小羊圈的一草一木、一砖一瓦都成了他生命的一部分，深深地融进他的血液里，以至多少年后，无论在哪里，只要一闭眼，小羊圈和那个小院子就真切地回到眼前。他永远忘不了贫苦的童年和可敬可爱而又可怜的亲人。

小羊圈胡同给老舍留下了深刻的印象，为他后来的写作奠定了基础。在老舍先生的作品中，至少有三次把小羊圈和诞生地的小院子写了进去。最早的一次是1937年，《小人物自述》；第二次是1944年，《四世同堂》；第三次是1962年，《正红旗下》。老舍让作品中的人物把小羊圈当做地理背景和活动舞台，演出一幕又一幕20世纪上半叶苦难中国的悲壮史剧。

追忆往事常常能写成好小说。正如老舍先生自己所说："我们所最熟悉的社会和地方，不管是多么平凡，总是最亲切的。"亲切，所以产生好的作品。在老舍先生笔下，小羊圈胡同被勾画得十分形象。"祁家的房子坐落在西城护国寺附近的小羊圈……它不像一般的北平的胡同那样直直的，或略微有一两个弯儿，而是颇像一个葫芦，通到大街去的，是葫芦的嘴和脖子，很细很长，而且很脏，进了葫芦脖子，便是葫芦腰，还有葫芦肚。"

小羊圈和那所小院里的一切，包括每一间房屋的陈设，在老舍作品里都有详尽的描述。一只暖瓶或一口水缸，放在什么位置，是什么样子，都有确切交代和精彩的记述，"在夏天，什么地方都是烫手的热，只有这只水缸老那么冰凉的，而且在缸肚儿以下出着一层凉汗。一摸好像摸到一条鱼似的，又凉又湿"。小杨家胡同8号这个院子是东西长，南北短，房子不多，老舍童年所居住的是北屋三间中靠东头的一间。

老舍先生说："除了我这间北房，大院里还有二十多间房呢。""大家见面招呼声'吃了吗？'透着和气；不说呢也没什么，因为大家一天到晚为嘴奔命，没有工夫扯闲话儿。爱说话的自然有啊，可是也得先吃饱了。"

老舍先生特别敬爱他的母亲。他在《我的母亲》一文中说："母亲生在农家，所以勤俭诚实，身体也好。"她出嫁大概是很早。老舍有三个哥哥，四个姐姐，但能长大成人的，只有大姐、二姐、三姐、二哥与老舍。老舍是"老"儿子，生他的时候，母亲已经41岁，大姐和二姐都已出了阁。为家人的衣食，母亲要给人家洗衣服、缝补或裁缝衣裳。在老舍的记忆中，母亲的手常年是鲜红微肿的。白天，她洗衣裳，洗一两大绿瓦盆，她做事情丝毫不敷衍，就是屠户们送来的黑如铁的布袜，她也给洗得雪白。她与三姐抱着一盏油灯，还要缝补衣服，一直到半夜。她终年没有休息，可是在忙碌中她还把院子屋中收拾得清清爽爽。桌椅都是旧的，柜门的铜活久已残缺不全，可是她的手老使破桌面上没有尘土，残破的铜活发着光。院中，父亲遗留下的几盆石榴与夹竹桃，永远会得到应有的浇灌与爱护，年年夏天开许多花。

老舍先生童年的家境十分清贫，他说："幼年时，中秋是很可喜的节，要不我怎么还记得清清楚楚那些兔儿爷的样子呢？有'兔儿爷'玩，这个节必是过得十二分来劲。"新年最热闹，也最没劲，自从一记事儿起，家中就似乎很穷。爆竹总是听别人放，他们自己是静寂无喧哗。记得最真的是家中一张《王羲之换鹅》图。每逢除夕，母亲必把它从神秘的地方找出来，挂在堂屋里，姑母就给说个故事。到如今还不十分明白这故事到底有什么意思，只觉得"王羲之"三个字倒很响亮好听。后来入学，读了《兰亭序》，老舍告诉先生，王羲之是在他的家里。

老舍先生在小羊圈胡同度过了难忘的童年，现如今这条胡同仍基本保持清末民初的风貌，一如旧观，自然幽静。

在老舍先生心目中，小羊圈胡同让他印象深刻，清贫的童年生活使他终生难忘。他这样描述当年家里的贫苦情景，"夏天做饭的菜往往是盐拌小葱，冬天是腌白菜帮子，放点辣油"；"夜晚遇到暴雨，通宵不敢入睡，以免破旧的屋棚下塌时同归于尽"。幼小的他还得随时帮母亲干些零活，艰辛的生活，催他早熟，他更懂得人情世故，更珍惜人间温情，磨炼出看似随和实则刚烈的性格，养成他以社会底层的眼光和标准观察世界，判断是非和决定爱憎。小羊圈胡同的岁月，给他后来的文学创作留下了鲜明的印记。

他在西直门内大街高井胡同小学读书时，天真活泼，洒脱豪放，有劲，把力量蕴蓄在里面而不轻易表现出来，有时也淘气，被老师打断了教鞭，疼得眼泪在眼睛里乱转，也不肯掉下一滴泪珠儿或讨半句饶。1912年小学毕业，靠着一位慈善家的好心，他先入北京三中，初中毕业后考入了北京师范学校。在校时，他发奋读书，渐渐放射出光芒，宣讲课常常见他演说，辩论会中十回有九回优胜，再加上文学擅长，各种学科都好，一跃就成了校长最得意的弟子。1918年他17岁时，师范学校一毕业，就当了方家胡同小学的校长。三年考核，品第特优，由学务局派赴江浙考察教育。1920年遂晋升为北郊劝学员，多次考察北郊地区的小学和私塾。在此期间，他还参加了教育部通俗教育研究会、京师私立小学教师国语补习会等团体，热心教育改革。

1922年到天津南开学校中学部教书，次年到北京教育会任文书，同时在第一中学兼课，并在燕京大学读书。1924年经友人推荐，到英国伦敦大学东方书院讲授汉语和中国文学。在此期间，他陆续写了三部小说：《老张的哲学》《赵子曰》和《二马》。

1929年，老舍结束了在英国的教学工作，绕道法、德、意等国回国，还在新加坡一所华侨中学教了半年书。1930年，他的童话作品《小坡的生日》发表，这年春天回到祖国。同年7月，到齐鲁大学任教，1934年改任山东大学教授。教学之余，他继续写了《大明湖》《猫城记》《月牙儿》和《骆驼祥子》。老舍说过："我能描写大杂院，因为我住过大杂院。我能写洋车夫，因为我有许多朋友是拉车为生的。"1946年3月，老舍应美国国务院邀请赴美讲学，一年期满后，继续旅居美国。1949年10月1日，中华人民共和国成立，10月13日，老舍启程回国，定居北京。从此，他以极大的热忱从事创作和文艺曲艺的改革，歌颂新生活，歌颂新中国。他回国后的作品话剧《方珍珠》和《龙须沟》，标志着老舍创作新的里程碑。特别是《龙须沟》，鞭挞旧社会，讴歌新社会，形象地反映了"人民政府为人民"的真实感人情景，老舍因此荣获北京市政府授予的"人民艺术家"的光荣称号。他被推选为全国文联副主席、中国作协副主席和北京文联主席。老舍热爱北京，热爱西城，他写的《红大院》《女店员》《全家福》《茶馆》《神拳》《正红旗下》等，都是以北京为背景的。从《龙须沟》到《茶馆》是老舍创造的高峰期。1966年8月24日，老舍含恨自沉于北京德胜门外太平湖。他在这里找到了自己的归宿，太平湖同他的母亲在西直门内一处住所仅有一城墙之隔，他是来此寻找他的慈母来了。老舍生在西城，学在西城，事业之始也在西城，他对西城，有着特殊深厚的感情。

少年时期的老舍

刘澄清

老舍是怎样上的学

清朝光绪年间，北京西直门内小羊圈胡同住着一家姓舒的旗人，寡母带着三个女儿两个儿子艰苦度日。舒母与三个女儿给人家缝穷、洗衣服，两个儿子都在街道上做小贩。幼子名叫庆春，舒母特别喜爱他。舒家有个邻居刘财主，名寿绵，好佛行善，附近街道贫户人都称他刘善人。光绪三十四年（1908）时，庆春9岁，刘善人看中庆春的聪慧伶俐、天真烂漫，又很懂礼貌，认为舒家没有读书人，庆春这孩子将来是会成才的，应该让他读书。因此，刘善人与舒母商议，介绍她的幼子去上学，而且可以不用家中分文。他说，庆春是个有出息的孩子，读成书后可为舒家增光耀祖。舒母听了刘善人对儿子的夸奖，非常高兴，于是答应了这件事。庆春闻知，手舞足蹈，非常欢喜。从此刘善人就让庆春喊他"刘大叔"。

这位小庆春，就是后来闻名世界的大文学家老舍。

改良私塾

刘寿绵先生领着庆春来到新街口正觉寺胡同他的学弟刘厚之家（刘厚之年幼时曾在刘财主家馆与刘寿绵一同读书，因为好佛行善，附近贫户人也称刘厚之为刘善人）。刘厚之先生创办了一所北京私立慈幼学校，寿绵先生给这所学校捐过款（慈幼学校是靠向北京各大财主家捐款购买教学用具的）。寿绵先生把庆春介绍给刘校长，他说庆春是贫寒家的孩子，聪明可爱，希望刘校长收下这个学生。由于寿绵先生的特别介绍，庆春进了慈幼学校，受到"特优生"的待遇，不但不收束脩，而且还由学校供给书籍和纸墨笔砚使用。

北京私立慈幼学校校址初在正觉寺胡同，以正觉寺庙内后殿为教室。后来迁移到这条胡同"六门"内，以南头西边的三间北房和一大片院子为固定校舍。这是刘厚之先生的私房，搬至这里可以省去付给寺庙的租金。厚之自任校长兼老师，并特请连襟李昆山中医师为辅教汉语的老师。私立慈幼学校是仿学东洋小学校办理的，设有汉语、修身、算术、珠算、写字、作文和作诗词、歌、图画、体操各科目。以汉语为主科，从三本小书教起，即《三字经》《百家姓》《千字文》，只读背文字，不讲字词文意；继教四书（即《大学》《中庸》《论语》《孟子》）；再教古文、诗词、子书（即老子、庄子、墨子、荀子、韩非子等），以及五经（即《诗经》《书经》《易经》《礼记》《春秋》）。这些古典文学作品都是要讲解的。其他科目分为两周或三周教学。这个学校只有30多个学生，与东洋学校的不同之处是不分年级、班次，没有毕业期限，离校时也不发给肄业证书，上学和退学不受限制。学校设备简陋，只有黑板、讲桌、课桌凳、风琴、大珠算等物。

在学校正对教室门里的墙壁上，悬着一块三角架板，上面放置一块红漆金字的木牌，有座，牌上刻着"大成至圣先师孔子之位"字样。庆春来校上学第一天，首先敬拜孔圣人，即对这块牌位磕三个头行礼，这是重礼。然后再敬拜老师，也行重礼。以后每天早晨上学时，一进教室门就先给孔圣人作揖行礼，这是一般礼节，然后再给老师行作揖礼，然后才可以坐在课桌位上读书。刘先生给学生讲"修身"课时，第一课讲"为什么要尊敬孔圣人？"他告诉学生，孔圣人是人们实行文明礼貌高贵品德的伟大神圣的典范，要求学生遵行孔圣人的教诲，听从老师的教导，遵守校规，尊敬老师。这使学生受"尊师重道"思想的影响很深。

总之，北京私立慈幼学校既保持了中国旧学的传统，又吸取了点东洋新学的进步。难怪老舍先生在成为文学家后，把这所学校称作是"改良私塾"。

刘先生的得意门生

庆春在慈幼学校读了几年书，各科学习成绩都是优等，尤以作文为出色。他异常遵守校规，品行端正，勤于校中劳动，为全校高才生，是全校同学的模范，所以刘校长视他为自己的得意门生，以"师生如父子"看待他。不仅如此，刘校长还很关心庆春的一家，对他家的贫苦生活很同情，常到他家里去照拂。舒母对刘校长视如亲戚，庆春的二姐即由刘校长说媒，嫁与他在清史馆的同人赵叔超（旗人）为妻。舒母深感此恩，每年节时，由家中做点食品，如腊八粥、供佛大馒头等，亲自送给刘老师。刘、舒两家的关系非常亲密。

庆春受到学校免交束脩和免费领用书本、笔墨纸张的优待，十分感谢老师的恩惠。他不仅平日对刘厚之先生毕恭毕敬，而且过年时（农历），总要到刘先生家里去拜年磕头行大礼。在中华民国成立后，他已离开慈幼学校，当时改革行鞠躬礼，逢到过年他仍然不断地去给刘厚之先生拜年，而且依然行磕头大礼。直到出国留学之前，他去刘厚之先生家辞行，还是施以大礼。由此可见，老舍先生对自己的启蒙老师是多么的尊敬和感谢！

我称老舍先生为"师兄"，是因为慈幼学校的校长兼老师刘公厚之就是我的父亲。老舍比我大十岁，从家父的关系，我称老舍先生为师兄。老舍师兄无论在品行方面还是学习方面都是我的榜样。我小的时候，家父常对我说："要向舒庆春师兄学习，才能成为有出息的人。"家父的谆谆教诲使我永远难忘，在以后的人生道路上，我一直把老舍先生作为自己学习的楷模。

关于老舍先生幼年求学的事，现在已经很少有人知道，故简记之，聊以备考。

我与老舍共当年

罗常培

    1909年，北平西直门大街高井胡同口上的第二等小学堂里有两个个性不同的孩子：一个歪毛儿，生来拘谨，腼腆怯懦，计较表面毁誉，受了欺负就会哭；一个小秃儿，天生洒脱，豪放，有劲，把力量蕴蓄在里面而不轻易表现出来，被老师打断了藤教鞭，疼得眼泪在眼睛里乱转，也不肯掉下一滴泪珠或讨半句饶。由这点禀赋的差异，便分歧了我和老舍一生的途径。

    三年小学、半年中学的共同生活，我们的差别越发显著了。自他转入北京师范学校后，他的光芒渐渐放射出来了。宣讲所里常常见他演说，辩论会中十回有九回优胜。再加上文学擅长，各种学科都好，一跃就成了校长方还最得意的弟子，所以17岁毕业便做了方家胡同市立小学的校长，三年考绩，品第特优，由学务局派赴江浙考察教育，返北平后遂晋升为北郊劝学员，我这时刚在中学毕业，迥隔云泥，对他真是羡慕不置！由于幼年境遇的艰苦，情感上受了摧伤，他总拿冷眼把人们分成善恶两堆，疾恶如仇的愤激，正像替善人可以舍命的热情同样发达。

    这种相反相成的交错情绪，后来随时在他的作品里流露着。涉世几年的经验，使他格外得到证明，他再不能随波逐流地和魑魅魍魉周旋了，于是毅然决然辞掉一般认为优缺的劝学员，宁愿安贫受窘去过清苦生活。他的处女作——《老张的哲学》——大部分是取材于这个时候的见闻。

离开小学校教育界后，他便在顾孟余先生主持的北京教育会做文书，同时在第一中学兼任两小时国语，每月收入四十几元，抵不上从前的三分之一。但他艰苦挣扎，谢绝各方的引诱，除奉母自赡以外，还要到燕京大学去念书。一晚我到北长街雷神庙的教育会会所去看他，他含泪告诉我：

"昨天把皮袍卖掉，给老母亲添制寒衣和米面了。"

我说："你为什么不早说？我还拿得出这几个钱来。何必在三九天自己受冻？"

"不！冷风更可吹硬了我的骨头！希望实在支持不下去的时候，你再帮助我！"

这时檐前铁马被带哨子的北风吹得叮当乱响，在彼此相对无言的当儿，便代替了我的回答。假若我再泄露一个秘密，那么，我还可以告诉你，他后来所写的《微神》，就是他自己初恋的影儿。这一点灵感的嫩芽，也是由雷神庙的一夕谈培养出来的。有一晚我从骡马市赶回北城，路过教育会想进去看看他，顺便也叫车夫歇歇腿，恰巧他有写给我的一封信还没有发，信里有一首咏梅花诗，字里行间表现着内心的苦闷。（恕我日记沦陷北平，原诗已经背不出来了！）从这首诗谈起，他告诉了我儿时所眷恋的对象和当时情感动荡的状况，我还一度自告奋勇地去伐柯，到了儿因为那位小姐的父亲当了和尚，累得女儿也做了带发修行的优婆夷！以致这段姻缘未能缔结——虽然她的结局并不像那篇小说描写得那么坏。我这种歉疚，直到我介绍胡絜青女士变成舒太太的时候，才算弥补上了。

附：

年少读书时

老 舍

在我小的时候，我因家贫而身体很弱。我九岁才入学。因家贫体弱，母亲有时候想教我去上学，又怕我受人家的欺侮，更因交不上学费，所以一直到九岁我还不识一个字。说不定，我会一辈子也得不到读书的机会。因为母亲虽然知道读书的重要，可是每月间三四吊钱的学费，实在让她为难。母亲是最喜脸面的人。她迟疑不决，光阴又不等待着任何人，荒来荒去，我也许就长到十多岁了。一个十多岁的贫而不识字的孩子，很自然的去做个小买卖——弄个小筐，卖些花生、煮豌豆或樱桃什么的。要不然就是去学徒。母亲很爱我，但是假若我能去做学徒，或提篮沿街卖樱桃而每天赚几百钱，她或者就不会坚决的反对。穷困比爱心更有力量。

有一天刘大叔偶然的来了。我说"偶然的"，因为他不常来看我们。他是个极富的人，尽管他心中并无贫富之别，可是他的财富使他终日不得闲，几乎没有工夫来看穷朋友。一进门，他看见了我。"孩子几岁了？上学没有？"他问我的母亲。他的声音是那么洪亮（在酒后，他常以学喊俞振庭的《金钱豹》自傲），他的衣服是那么华丽，他的眼是那么亮，他的脸和手是那么白嫩肥胖，使我感到我大概是犯了什么罪。我们的小屋，破桌凳，土炕，几乎禁不住他的声音的震动。等我母亲回答完，刘大叔马上决定："明天早上我来，带他上学，学钱、书籍，大姐你都不必管！"我的心跳起多高，谁知道上学是怎么一回事呢！

第二天，我像一条不体面的小狗似的，随着这位阔人去入学。学校是一家改良私塾，在离我的家有半里多地的一座道士庙里。庙不甚大，而充满了各种气味：一进山门先有一股大烟味，紧跟着便是糖精味（有一家熬制糖球糖块的作坊），再往里，是厕所味，与别的臭味。学校是在大殿里，大殿两旁的小屋住着道士，和道士的家眷。大殿里很黑、很冷。神像都用黄布挡着，供桌上摆着孔圣人的牌位。学生都面朝西坐着，一共有三十来人。西墙上有一块黑板——这是"改良"私塾。老师姓李，一位极死板而极有爱心的中年人。刘大叔和李老师"嚷"了一顿，而后教我拜圣人及老师。老师给了我一本《地球韵言》和一本《三字经》。我于是，就变成了学生。

自从做了学生以后，我时常的到刘大叔的家中去。他的宅子有两个大院子，院中几十间房屋都是出廊的。院后，还有一座相当大的花园。宅子的左右前后全是他的房屋，若是把那些房子齐齐的排起来，可以占半条大街。此外，他还有几处铺店。每逢我去，他必招呼我吃饭，或给我一些我没有看见过的点心。他绝不以我为一个苦孩子而冷淡我，他是阔大爷，但是他不以富傲人。

在我由私塾转入公立学校去的时候，刘大叔又来帮忙。这时候，他的财产已大半出了手。他是阔大爷，他只懂得花钱，而不知道计算。人们吃他，他甘心教他们吃；人们骗他，他付之一笑。他的财产有一部分是卖掉的，也有一部分人骗了去的，他不管；他的笑声照旧是洪亮的。

到我在中学毕业的时候，他已一贫如洗，什么财产也没有了，只剩了那个后花园。不过，在这个时候，假若他肯用用心思，去调整他的产业，他还能有办法教自己丰衣足食，因为他的好多财产是被人家骗了去的。可是，他不肯去请律师，贫与富在他心中是完全一样的，假若在这时候，他要是不再随便花钱，他至少可以保住那座花园，和城外的地产。可是，他好善。尽管他自己的儿女受着饥寒，尽管他自己受尽折磨，他还是去办贫儿学校，粥厂，等等慈善事业。他忘了自己。就是在这个时候，我和他过往的最密。他办贫儿学校我去做义务教师。他施舍粮米，我去帮忙调查及散放。在我的心里，我很明白：放粮放钱不过只是延长贫民的受苦难的日期，而不足以阻拦住死亡。但是，看刘大叔那么热心，那么真诚，我就顾不得和他辩论，而只好也出点力了，即使我和他辩论，我也不会得胜，人情是往往能战败理智的。

"五四"给了我什么

老 舍

因家贫，我在初级师范学校毕业后就去挣钱养家，不能升学。在"五四"运动的时候，我正作一个小学校的校长。

以我这么一个中学毕业生（那时候，中学是四年毕业，初级师范是五年毕业），既没有什么学识，又须挣钱养家，怎么能够一来二去地变成作家呢？这就不能不感谢"五四"运动了！

假若没有"五四"运动，我很可能终身作这样的一个人：兢兢业业地办小学，恭恭顺顺地侍奉老母，规规矩矩地结婚生子，如是而已。我绝对不会忽然想起去搞文艺。

这并不是说，作家比小学校校长的地位更高，任务更重；一定不是！我是说，没有"五四"，我不可能变成个作家。"五四"给我创造了当作家的条件。

首先是：我的思想变了。"五四"运动是反封建的。这样，以前我以为对的，变成了不对。我幼年入私塾，第一天就先给孔圣人的木牌行三跪九叩的大礼；后来，每天上学下学都要向那牌位作揖。到了"五四"，孔圣人的地位大为动摇。既可以否定孔圣人，那么还有什么不可否定的呢？他是大成至圣先师啊！这一下子就打乱了二千年来的老规矩。这可真不简单！我还是我，可是我的心灵变了，变得敢于怀疑孔圣人了！这还了得！假若没有这一招，不管我怎么爱好文艺，我也不会想到跟才子佳人、鸳鸯蝴蝶有所不同的题材，也不敢对老人老事有任何批判。"五四"运动送给了我一双新眼睛。

其次是："五四"运动是反抗帝国主义的。自从我在小学读书的时候，我就知道了国耻。可是，直到"五四"，我才知道一些国耻是怎么来的，而且知道了应该反抗谁和反抗什么。以前，我常常听说"中国不亡，是无天理"这类的泄气话，而且觉得不足为怪。看到了"五四"运动，我才懂得了"天下兴亡，匹夫有责"。这运动使我看见了爱国主义的具体表现，明白了一些救亡图存的初步办法。反封建使我体会到人的尊严，人不该作礼教的奴隶；反帝国主义使我感到中国人的尊严，中国人不该再作洋奴。这两种认识就是我后来写作的基本思想与情感。虽然我写的并不深刻，可是若没有"五四"运动给了我这点基本东西，我便什么也写不出了。这点基本东西迫使我非写不可，也就是非把封建社会和帝国主义所给我的苦汁子吐出来不可！这就是我的灵感，一个献身文艺写作的灵感。

最后，"五四"运动也是个文艺运动。白话已成为文学的工具。这就打断了文人腕上的锁铐——文言。不过，只运用白话并不能解决问题。没有新思想，新感情，用白话也可以写出非常陈腐的东西。新的心灵得到新的表现工具，才能产生内容与形式一致新颖的作品。"五四"给了我一个新的心灵，也给了我一个新的文学语言。

感谢"五四"，它叫我变成了作家，虽然不是怎么了不起的作家。

百年中國記憶
BAINIAN ZHONGGUO JIYI

第二辑

人生正当时：无论到何处，总有人惦念

武术老师马永奎

周长风

1992年10月，我们结识了济南无线电六厂退休工人陈庆云，交谈中得知，他的外祖父即是老舍在济南时的武术老师，名叫马永奎。

在陈庆云家里，我们见到了1934年老舍赠送马永奎的一把折扇，上用略带魏碑意味的小隶书写其随马永奎习武的经过。经仔细鉴定，确属老舍亲笔佚文，十分珍贵。现加以标点，照录如下：

去夏患背痛，动转甚艰。勤于为文，竟日伏案，寔为病根。十年前曾习太极与剑术，以就食四方，遂复弃忘。及病发，谋之至友陶君子谦，谓"健身之术莫若勤于运动，而个人运动莫善于拳术"，遂荐马子元先生，鲁之名家也。初习太极，以活腰脚，继以练步，重义潭腿，查拳、洪拳、六路短拳等，藉广趣味，兼及枪剑与对击，多外间鲜见之技。一岁终，已得廿余套。每日晨起自习半时许，体热汗下，食欲渐增，精神亦旺。子元先生教授有方，由浅入深，不求急效，亦弗吝所长，良可感也。端阳又近矣，书扇以赠。书法向非所长，久之练习，全无是处，藉示激感耳。二十三年端节前三日书奉。

　　子元先生正教

　　　　　　　　　　舒舍予

　　折扇另一面为当时山东大名鼎鼎的山水画家关友声所绘泼墨山水，上题"空山新雨后，峭壁挂飞泉。子元先生正之"。老舍与关友声乃好朋友，想来是老舍请关友声画此，以赠马永奎的。

　　关于文中提到的陶子谦，查不到任何文字资料。据对济南掌故知之甚详的张稚庐先生讲，陶当时似在司法界供职，亦擅拳术，并著有一本拳术方面的书，书前有曾任国民党行政院秘书长褚民谊的题词。我曾写信给老舍的公子、中国现代文学馆副馆长舒乙先生，请他询问令堂。他回信说："关于陶先生也所知甚少。"又说："母亲知道马师傅，但回忆不起更多的事。"

　　马永奎，字子元，回族，济南人，生于1893年，自幼习武，后入山东冠县人杨鸿修门下，得杨氏查拳真传，其枪术尤为超群，有"山东一杆枪"之美誉。

　　马永奎的徒弟、济南市京剧团武生演员马文宽对笔者讲，其师用的枪竖起约两人高，枪杆有茶碗口粗细，使起来称得上神出鬼没，这杆枪至今仍为其后人珍藏。马永奎名重一时，所以外地来济南演出的京剧武生演员大都同他谋面以请教。据说，盖叫天曾与之就《武松打店》里的甩攮子进行过切磋。山东著名京剧武生袁金凯是他的入室弟子。

　　当时，马永奎集中教授众多徒弟，而对老舍则亲临其在南新街的寓所个别传授。1933年底，老舍在《一九三四年计划》一文中写道："提到身体，我在四月里忽患背痛，痛得翻不了身，许多日子也不能'鲤鱼打挺'。缺乏运动啊。篮球足球，我干不了，除非有意结束这一辈子。于是想起了练拳。原先我就会不少刀枪剑戟——自然只是摆样子，并不能去厮杀一阵。从五月十四开始又练拳，虽不免近似义和团，可是真能运动运动。因为打拳，所以起得很早；起得早，就要睡得早；这半年来，精神确是不坏，现在已能一气练下四五趟拳来。"上面一段可以与题扇文互相印证，互为补充。

赠折扇的这一年秋天，老舍离开济南去青岛山东大学任教，将沙发、方凳等家具留给马永奎（方凳今日尚存），并赠送一方端砚和一只大象形香炉。马永奎带徒弟前往火车站送行。

到青岛后，老舍仍坚持习武，书房里也设着兵器架。他每天差不多总是7点起床，漱洗过后便到院中去打拳，遇上雨或雪，就在屋里练练小拳。练上几趟，脸上微红，背上见汗，感到浑身舒坦，于是收起架势，又去浇花。1936年农历除夕，在山东大学辞旧迎新晚会上，他还登台献艺，表演一套枪法，博得师生员工满堂喝彩。

1937年夏，抗日战争爆发。日军陆战队随时可能攻占青岛，我方亦可能拆毁胶济铁路以阻敌进攻。为了避免陷于死地，8月，老舍重返齐鲁大学，行前将刀枪剑戟全都忍痛扔下。11月，日本侵略军逼近济南，老舍毅然离开妻小，只身奔赴武汉参加抗战。陈庆云讲，他曾见过老舍走后给马永奎的来信，上面说坐火车一路上没有座位，多亏了跟子元先生习武，得以身强体健，才支撑了下来，否则早累趴了。这段记忆与老舍《八方风雨》里的记述是大致相符的。陈庆云还讲，原先家中珍藏多封老舍信札，俱失散了，已无处寻觅。

最近，我查到1937年3月2日济南《中报》上刊登的一篇关于老舍的文章，其中写道："在济南的时候，他跟着一位练国术的走江湖朋友很认真地学过很久摸鱼式似的太极拳。"马永奎新中国成立前当过保镖闯荡江湖，新中国成立后，先是在街头缀鞋，后到铸字机厂当工人，空怀绝技却毫无用武之地，偶尔也义务向青年人传授几套招数。曾有人听到他不无自豪地说：

"老舍还是我的徒弟哪！"在社会大变动时期，有人被推上浪峰，有人被抛入波谷，时势造就了英雄，也往往毁灭了英才。从历史的眼光看，这是令人叹息又无可奈何的事。马永奎于80年代初去世。

随马永奎习武后，老舍心得颇多，遂萌生了创作欲望，想写一部十几万字的长篇武侠小说。他写题扇文的这年春天，将大体构思告诉了上海主编《良友文学丛书》的赵家璧，"内中的主角是两位镖客，行侠仗义，替天行道，十八般武艺样样精通，可是到末了都死于手枪之下"。赵家璧很感兴趣，表示愿意把它放入丛书之中。到青岛后，老舍在寒假开始写作，并拟名为《二拳师》。写成五六千字，因开学而暂时搁笔。1935年春天，老舍在一本刊物上看到一个短篇小说，所写的事儿竟与《二拳师》的构思很相近，便不愿再写了。但是老舍终究难以彻底割舍用小说反映济南习武见闻与感受的愿望，于1936年抽取素材中最好的一段，写成了短篇小说《断魂枪》。其中塑造的"神枪沙子龙"，明显有着马永奎的身影；而从沙子龙这名字，人们自然会联想到《三国演义》里横枪跃马、百战百胜的常山赵子龙。这无疑蕴含着老舍对马永奎的莫大尊敬。老舍自己也很喜爱《断魂枪》，对其中刻画的沙子龙、沙子龙的徒弟王三胜、查拳高手孙老者三个人物，他曾说道："他们的一切都在我心中想过了许多回，所以他们都能立得住。"

1940年老舍在重庆受回教救国协会的委托，与宋之的合作编写了四幕抗日话剧《国家至上》，主要塑造了一位"名驰冀鲁，识与不识咸师称之"的回族老拳师张老师（自称张二）的形象。这个戏由马彦祥执导，魏鹤龄、张瑞芳等主演，在渝上演多次，甚为成功，后又到香港、西安、兰州、昆明等地演出，均得到回族同胞热烈欢迎。老舍《三年写作自述》中明确地说道："剧中的张老师是我在济南交往四五年的一位回教拳师的化身。"

顺便说一句，《国家至上》中有个人物金四把，名字似乎很怪。清朝末年，济南有位名声赫赫的武术高手，也是回民，人称金三把式，民间流传许多他的传奇故事。老舍跟马永奎习武时肯定听说过。或许金四把的起名即源于此。

胡絜青说："老舍生前时常怀念山东，一直想去山东看望老朋友们，因为忙，可又一直未能如愿。"

青岛逸事

曲凤官

真诚的祝福

1936年秋，在山东大学任教的萧涤非将要结婚，却忽然被校方解聘，不得不在结婚当天离开青岛南下。就在萧涤非夫妇乘坐的列车即将开动的时候，车窗外传来一阵急促的喊声："涤非！"萧涤非惊奇地发现来者竟是老舍。只见他右手拎着手杖，左肋下夹着一本书。"涤非，弟妹，我是来参加你们婚礼的。"老舍气喘吁吁地说着，将夹着的那本书递上，"这是我送给你们的结婚礼物"。萧涤非非常激动地接过来一看，才知道是刚刚印出来的老舍新著《牛天赐传》。

老舍成了萧涤非"婚礼"上的唯一来宾，这本《牛天赐传》则是萧涤非夫妇新婚收到的唯一礼物。后来，为了抗议校方无理解聘萧涤非，老舍竟然退掉了山东大学发给他的教授聘书。

为聊城熏鸡起名

1935年的一天，老舍在青岛与萧涤非下饭馆小酌。萧涤非带去一只聊城熏鸡当下酒菜。老舍品尝后，十分好吃，便称赞道："别有风味，平生未曾尝过。"当得知这种聊城熏鸡尚未命名时，老舍便笑道："这鸡的皮色黑中泛紫，还有点铁骨铮铮的样子，不是挺像戏里那个铁面无私的黑包公吗？干脆，就叫'铁公鸡'吧！"于是，这种香而不腻、别有风味的聊城熏鸡，便得了个"铁公鸡"的名字。别人知道后，也都觉得恰如其分。

同乐会上作谜

30年代，老舍与洪深同时执教于山东大学。1935年，学校举办辞旧迎新消寒同乐会，老舍登台舞剑，博得了阵阵掌声。随后，他又出谜多则，引起了大家的兴趣。如："南非娃娃"，打一小说家，谜底是"黑婴"；"脸上搽半斤粉"，打一杂志名，谜底是"太白"；"洪深"，打一时语，谜底是"水灾"等等。这几则谜语，虽系即兴而作，但通俗易懂，俗而不粗，合乎谜法，受到了师生们的热烈欢迎。

结交青岛朋友

老舍在青岛住了三年，结交了不少朋友，除了山东大学的同仁外，青岛的本土作家杜宇、李同愈也都成为他的至交。他是早已成名的作家，但却不以老资格自居，和当时在青岛的洪深、王统照等吸收杜宇、李同愈，共同创办了同人刊物《避暑录话》。老舍还写过一篇《文人》（致李同愈）的书信体散文，发表在1935年8月17日的南京报纸上。青岛《民报》的杜宇更是老舍无话不谈的好友，老舍在1937年4月10日的日记中写道："晚饭请杜宇、杨枫、孟超、式民吃'朝天馆'，大饼卷肥肠，葱白咸菜段长三寸，饮即墨苦头老酒，侉子气十足。"

老舍还交了不少青岛的平民朋友，朋友们也帮了他许多忙。1937年秋，日军逼近青岛，老舍先把妻孥送往济南，独自留下处理家当。然而他的一些有用的书籍和用品，舍不得丢掉，只好撇在青岛，自己匆匆应聘去济南齐鲁大学任教。后来是他在铁路上的一位朋友，替他把留存的主要家具和书籍运到济南去。老舍对此非常感激，多次在文章中写到这件事。

青岛散记

史若平

1934年初秋，老舍写完了长篇小说《牛天赐传》，由济南到青岛。那年暑假，济南奇热。老舍后来回忆时写道："小孩拒绝吃奶，专门哭嚎，大人不肯吃饭，立志喝水！可是我得赶写文章，昏昏忽忽，半睡半醒，左手挥扇打苍蝇，右手握笔疾写，汗顺着手指流到纸上。"（《我怎样写〈牛天赐传〉》）而青岛，则是北国的一个绿洲。青山碧海，绿树红瓦，夏无酷暑，冬无严寒。老舍从暑气逼人的济南，到了避暑胜地的青岛，他心情的愉快是可以想见的。

老舍刚到青岛，就住在登州路10号，1935年春，迁到金口二路。同年末，又搬到黄县路6号，一直住到"七七"事变之后。这后两个地方，都离海滨不远。

山东大学位于鱼山路、大学路之间，当时的学校大门还在大学路，老舍描写山大的环境时曾写道："山大的校舍是昔年的德国兵营，虽然在改作学校之后，院中铺满短草，道旁也种上了玫瑰，可是它总脱不了营房的严肃气象。学校的后面左面都是小山，挺立着一些青松，我们每天早晨一抬头就看见山石与松林之美，但不是柔媚的那一种。"（《青岛与山大》）这是老舍对山大的环境和校风的评价。出山大校门由南向东，沿着鱼山路卍字会（现青岛市图书馆）上坡，不远就到了第一海水浴场。山大的师生们在晚饭后，都喜欢到海滨去散步，领略这海滨城市的壮丽景色。在这里，可以看到海面上的点点渔帆远处淡淡的青山，以及天际色彩斑斓、瞬息万变的晚霞。涨潮时，巨浪拍击着岩石，溅起了冲天的飞花，奏出了雄伟的乐曲。人们漫步在海边的松林之中，聆听着松涛的倾诉。抒发着自己对祖国大好河山的深厚感情。这时，晚风会吹动着你的衣衫，消除你一天的疲劳。当暮色苍茫中踏上归途的时候，迎着你的是山间起伏的万家灯火，像天空中的点点繁星。老舍对青岛、对山大，产生了深厚的感情。

老舍在山东大学中文系，开设了《文学概论》和《小说作法》《欧洲文艺思潮》《外国文学史》等课程。《文学概论》这门课，老舍在齐鲁大学曾开过，并且编写了讲义。这本铅印讲义，共15讲，全书300多页，11万字，署名"舒舍予"。这是我国较早的一部文艺理论专著。从这里可以看出，老舍不仅是卓越的作家，而且还是文艺理论家。值得高兴的是，这本失传已久的讲义，近年来终于找到并出版了。

老舍到山东大学任教时，才35岁，已经是一位知名的作家，写出了《老张的哲学》《赵子曰》《二马》《小坡的生日》《大明湖》《猫城记》《牛天赐传》等多部长篇小说，但是，这位年轻的教授，仍虚怀若谷、平易近人、兢兢业业、一丝不苟，从不以权威自居。当年山大老舍的学生张希周、王碧岑先生回忆起老舍在中文系的情景时，仍历历在目，感佩不已。

老舍在讲《小说作法》的时候，由于他有丰富的创作经验和精湛的表达能力，因而讲起来是那样娓娓动听，吸引着同学们的注意力，每讲一个段落，就要学生做一次练习，借此提高学生的写作水平，了解学生的理解程度，并进而征求学生意见，改进教学方法。张希周先生对老舍先生那种严肃认真、一丝不苟的精神，至今铭刻于心。他说："舒先生批改作业非常认真，甚至对用错的标点符号也改正过来。对句子结构、段落层次等不妥之处，则加上眉批，再由学生自己改正。他并从中选出几篇较好的作业，在学生中传阅后组织讨论。”

30年代山东大学学生办了个铅印的文艺刊物《刁斗》，老舍热情地支持它、扶植它，关心它的成长。他为这个刊物写稿，发表了《我的创作经验》《读巴金的〈电〉》等文章。有一期，他曾亲自审阅、修改稿件，并做具体指导，帮助学生提高刊物质量。

由于老舍诲人不倦、平易近人，加之他学识渊博、谈吐幽默、诙谐，并饶有风趣，因而同学们都愿意和他接近，并登门拜访，师生关系亲密无间。王碧岑先生至今还记得老舍关心他健康的一件事：“一次我上老舍先生家，先生听说我患腰疾，便毫不犹豫地把他从北平同仁堂购买的狗皮膏药拿出来给我贴，并告诉我同仁堂药店的地址，这使我由衷地感激他。”

老舍不仅乐于同青年学生交朋友，而且乐于同小商贩、洋车夫交朋友。一位30年代曾经住在济南南新门附近的老大娘告诉我，在齐鲁大学校门口，经常可以看到老舍买烤地瓜吃，同洋车夫、小商贩聊天、拉家常，了解他们的生活和遭遇。张希周先生告诉我，在青岛山东大学，他就多次遇到舒先生在课后回家的路上，同这些下层的人打招呼，边走边谈。一个堂堂的大学教授，同这些下层小民为伍，这在当时有些人眼里，是有失“尊严”的。有的人曾问老舍：“舒先生，这些都是你的朋友吗？”老舍笑答：“是朋友，也是老师。这些人每天挣扎在饥饿线上，他们都有自己的悲惨遭遇和性格。通过同他们的接触，使我对人生有进一步的了解。”这些，大概就是老舍作品具有浓郁的生活气息和强大的生命力的主要因素吧。

老舍在山东大学期间，还做了好几次学术讲演。如1934年10月的《中国民族的力量》中，肯定了中国人民的吃苦耐劳，在开发南洋中做出的牺牲。从中得出了“中国人与其他民族相比较，的确是伟大”的结论。同年11月和

1936年1月，又写作了《诗与散文》和《文艺中的典型人物》等学术讲演。

老舍是十分勤奋的。他在山东大学两年中，以教书为职业，尽到了自己的教授职责，同时，他又没有忘记自己是作家，应当尽到自己的社会职责。在这期间，他先后编定了两个短篇小说集：《樱海集》和《蛤藻集》。这两本书名，都有浓厚的青岛味儿。编《樱海集》时，老舍在阳台上，既可赏樱花，又可观大海，故名《樱海集》。此外，老舍还编了另一本谈创作经验的《老牛披车》。

1935年暑假，老舍、王亚平、王统照、吴伯箫、孟超、洪深、赵少侯、臧克家等12人，在青岛发起创办《避暑录话》，作为《青岛民报》的一个副刊单独发行。第一次会议是在洪深家里开的，洪深当时是山大外文系主任。他执笔写的《发刊词》，是意味深长的。他写道，他们12人"没有一个是真正的有闲者；没有一个人是特为来青岛避暑的"。然而，"我们必须避暑！""否则他们有沸腾着的血，煎焦着的心，说出的'话'，必然太热，将要使得别人和自己，都感到不快，而不可以'录'了。"这就是说，《避暑录话》是避开国民党反动派的淫威，为了便于出版，在文字上适当降温。如果话说得太热，就会被检查官老爷的剪刀剪掉，便无法"录"下来了。因此，不能不利用曲笔。这是一种巧妙的斗争方式。该刊从7月中旬创刊到9月中旬结束，两个月中整整出了10期。

初到英国

老　舍

那时候，我的英语就很好。我能把它说得不像英语，也不像德语，细听才听得出——原来是"华英官话"。那就是说，我很艺术的把几个英国字匀派在中国字里，如鸡兔之同笼。英国人把我说得一愣一愣的，我可也把他们说得直眨眼；他们说的他们明白，我说的我明白，也就很过得去了。

给它个死不下船，还有错儿么？！反正船得把我运到伦敦去，心里有底！

果然一来二去的到了伦敦。船停住不动，大家都往下搬行李，我看出来了，我也得下去。什么码头？顾不得看；也不顾得问，省得又招人们眨眼。检验护照，我是末一个——英国人不像咱们这样客气，外国人得等着。等了一个多钟头，该我了。两个小官审了我一大套，我把我心里明白的都说了，他俩大概没明白。他们在护照上盖了个戳儿，我"看"明白了："准停留一月Only。"（后来由学校呈请内务部把这个给注销了，不在话下）管它Only还是"哼来"，快下船哪，别人都走了。敢情还得检查行李呢，这回很干脆："烟？"我说"no"；"丝？"又一个"no"。皮箱上画了一道符，完事。我的英语很有根了，心里说。看别人买车票，我也买了张；大家走，我也走；反正他们知道上哪儿。他们要是走丢了，我还能不陪着么？上了火车，火车非常的清洁舒服。越走，四外越绿，高高低低全是绿汪汪的。太阳有时出来，有时进去，绿地的深浅时时变动。远处的绿坡托着黑云，绿色特别的深厚。看不见庄稼，处处是短草，有时看见一两只摇尾食草的牛。这不是个农业国。

走着走着，绿色少起来，看见了街道房屋，街上走动着红色的大汽车。再走，净是房屋了，全挂着烟尘，好像熏过了的。伦敦了，我想起幼年所读的地理教科书。

车停在Cannon Street。大家都下来，站台上不少接客的男女，接吻的声音与姿式各有不同。我也慢条斯理的下来；上哪儿呢？啊，来了救兵，易文思教授向我招手呢。他的中国话比我的英语应多得着九十多分。他与我一人一件行李，走向地道车站去；有了他，上地狱也不怕了。坐地道火车到了Liverpool Street。这是个大车站，把行李交给了转运处，他们自会给送到家去。然后我们喝了杯啤酒，吃了块点心。车站上，地道里，转运处，咖啡馆，给我这么个印象：外面都是乌黑不起眼，可是里面非常的清洁有秩序。后来我慢慢看到，英国人也是这样。脸板得要哭似的，心中可是很幽默，很会讲话。他们慢，可是有准。易教授早一分钟也不来；车进了站，他也到了。他想带我上学校去，就在车站的外边。想了想，又不去了，因为这天正是礼拜。他告诉我，已给我找好了房，而且是和许地山在一块儿。我更痛快了，见了许地山还有什么事作呢，除了说笑话？

易教授住在Barnet，所以他也在那里给我找了房。这虽在"大伦敦"之内，实在是属Hertfordshire，离伦敦有十一里，坐快车得走半点多钟。我们就在原车站上了车，赶到车快到目的地，又看见大片的绿草地了。下了车，易先生笑了。说我给带来了阳光。果然，树上还挂着水珠，大概是刚下过雨去。

正是九月初的天气，地上潮阴阴的，树和草都绿得鲜灵灵的。由车站到住处还要走十分钟。街上差不多没有什么行人，汽车电车上也空空的。礼拜天。街道很宽，铺户可不大，都是些小而明洁的，此处已没有伦敦那种乌黑色。铺户都关着门，路右边有一大块草场，远处有一片树林，使人心中安静。

最使我忘不了的是一进了胡同：Carnarvon Street。这是条不大不小的胡同。路是柏油碎石子的，路边上还有些流水，因刚下过雨去。两旁都是小房，多数是两层的，瓦多是红色。走道上有小树，多像冬青，结着红豆。房外二尺多的空地全种着花草，我看见了英国的晚玫瑰。窗都下着帘，绿蔓有的爬满了窗沿。路上几乎没人，也就有十点钟吧，易教授的大皮鞋响声占满了这胡同，没有别的声。那些房子实在不是很体面，可是被静寂，清洁，花草，红绿的颜色，雨后的空气与阳光，给了一种特别的味道。它是城市，也是村庄，它本是在伦敦作事的中等人的居住区所。房屋表现着小市民气，可是有一股清香的气味，和一点安适太平的景象。

将要作我的寓所的也是所两层的小房，门外也种着一些花，虽然没有什么好的，倒还自然；窗沿上悬着一两枝灰粉的豆花。房东是两位老姑娘，姐姐已白了头，胖胖的很傻，说不出什么来。妹妹作过教师，说话很快，可是很清晰，她也有四十上下了。妹妹很尊敬易教授，并且感谢他给介绍两位中国朋友。许地山在屋里写小说呢，用的是一本油盐店的账本，笔可是钢笔，时时把笔尖插入账本里去，似乎表示着力透纸背。

房子很小：楼下是一间客厅，一间饭室，一间厨房。楼上是三个卧室，一个浴室。由厨房出去，有个小院，院里也有几棵玫瑰，不怪英国史上有玫瑰战争，到处有玫瑰，而且种类很多。院墙只是点矮矮的木树，左右邻家也有不少花草，左手里的院中还有几株梨树，挂了不少果子。我说"左右"，因自从在上海便转了方向，太阳天天不定由哪边出来呢！

这所小房子里处处整洁，据地山说，都是妹妹一个人收拾的；姐姐本来就傻，对于工作更会"装"傻。他告诉我，她们的父亲是开面包房的，死时把买卖给了儿子，把两所小房给了二女。姊妹俩卖出去一所，把钱存起吃利；住一所，租两个单身客，也就可以维持生活。哥哥不管她们，她们也不求哥哥。妹妹很累，她操持一切；她不肯叫住客把硬领与袜子等交洗衣房；她自己给洗并熨平。在相当的范围内，她没完全商业化了。

易先生走后，姐姐戴起大而多花的帽子，去作礼拜。妹妹得作饭，只好等晚上再到教堂去。她们很虔诚；同时，教堂也是她们惟一的交际所在。姐姐并听不懂牧师讲的是什么，地山告诉我。路上慢慢有了人声，多数是老太婆与小孩子，都是去礼拜的。偶尔也跟着个男人，打扮得非常庄重，走路很响，是英国小绅士的味儿。邻家有弹琴的声音。

饭好了，姐姐才回来，傻笑着。地山故意的问她，讲道的内容是什么？她说牧师讲的很深，都是哲学。饭是大块牛肉。由这天起，我看见牛肉就发晕。英国普通人家的饭食，好处是在干净；茶是真热。口味怎样，我不敢批评，说着伤心。

饭后，又没了声音。看着屋外的阳光出没，我希望点蝉声，没有。什么声音也没有。连地山也不讲话了。寂静使我想起家来，开始写信。地山又拿出账本来，写他的小说。

伦敦边上的小而静的礼拜天。

在英国东方学院

老 舍

从1924的秋天，到1929的夏天，我一直的在伦敦住了五年。除了暑假寒假和春假中，我有时候离开伦敦几天，到乡间或别的城市去游玩，其余的时间就都消磨在这个大城里。我的工作不许我到别处去，就是在假期里，我还有时候得到学校去。我的钱也不许我随意的去到各处跑，英国的旅馆与火车票价都不很便宜。

我工作的地方是东方学院，伦敦大学的各学院之一。这里，教授远东近东和非洲的一切语言文字。重要的语言都成为独立的学系，如中国语，阿拉伯语等；在语言之外还讲授文学哲学什么的。次要的语言，就只设一个固定的讲师，不成学系，如日本语；假如有人要特意的请求讲授日本的文学或哲学等，也就由这个讲师包办。不甚重要的语言，便连固定的讲师也不设，而是有了学生再临时去请教员，按钟点计算报酬。譬如有人要学蒙古语文或非洲的非英属的某地语文，便是这么办。自然，这里所谓的重要与不重要，是多少与英国的政治，军事，商业等相关联的。

在学系里，大概的都是有一位教授，和两位讲师。教授差不多全是英国人；两位讲师总是一个英国人，和一个外国人——这就是说，中国语文系有一位中国讲师，阿拉伯语文系有一位阿拉伯人作讲师。这是三位固定的教员，其余的多是临时请来的，比如中国语文系里，有时候于固定的讲师外，还有好几位临时的教员，假若赶到有学生要学中国某一种方言的话；这系里的教授与固定讲师都是说官话的，那么要是有人想学厦门话或绍兴话，就非去临时请人来教不可。

这里的教授也就是伦敦大学的教授。这里的讲师可不都是伦敦大学的讲师。以我自己说，我的聘书是东方学院发的，所以我只算学院里的讲师，和大学不发生关系。那些英国讲师多数的是大学的讲师，这倒不一定是因为英国讲师的学问怎样的好，而是一种资格问题：有了大学讲师的资格，他们好有升格的希望，由讲师而副教授而教授。教授既全是英国人，如前面所说过的，那么外国人得到了大学的讲师资格也没有多大用处。况且有许多部分，根本不成为学系，没有教授，自然得到大学讲师的资格也不会有什么发展。在这里，看出英国人的偏见来。以梵文，古希伯来文，阿拉伯文等说，英国的人才并不弱于大陆上的各国；至于远东语文与学术的研究，英国显然追不上德国或法国。设若英国人愿意，他们很可以用较低的薪水去到德法等国聘请较好的教授。可是他们不肯。他们的教授必须是英国人，不管学问怎样。就我所知道的，这个学院里的中国语文学系的教授，还没有一位真正有点学问的。这在学术上是吃了亏，可是英国人自有英国人的办法，决不会听别人的。幸而呢，别的学系真有几位好的教授与讲师，好歹一背拉，这个学院的教员大致的还算说得过去。况且，于各系的主任教授而外，还有几位学者来讲专门的学问，像印度的古代律法，巴比伦的古代美术等等，把这学院的声价也提高了不少。在这些教员之外，另有位音韵学专家，教给一切学生以发音与辨音的训练与技巧，以增加学习语言的效率。这倒是个很好的办法。

大概的说，此处的教授们并不像牛津或剑桥的教授们那样只每年给学生们一个有系统的讲演，而是每天与讲师们一样的教功课。这就必须说一说此处的学生了。到这里来的学生，几乎没有任何的限制。以年龄说，有的是七十岁的老夫或老太婆，有的是十几岁的小男孩或女孩。只要交上学费，便能入学。于是，一人学一样，很少有两个学生恰巧学一样东西的。拿中国语文系说吧，当我在那儿的时候，学生中就有两位七十多岁的老人：一位老人是专学中国字，不大管它们都念作什么，所以他指定要英国的讲师教他。另一位老人指定要跟我学，因为他非常注重发音；他对语言很有研究，古希腊，拉丁，希伯来，他都会，到七十多岁了，他要听听华语是什么味儿；学了些日子华语，他又选上了日语。这两个老人都很用功，头发虽白，心却不笨。这一对老人而外，还有许多学生：有的学言语，有的念书，有的要在伦敦大学得学位而来预备论文，有的念元曲，有的念《汉书》，有的是要往中国去，所以先来学几句话，有的是已在中国住过十年八年而想深造……总而言之，他们学的功课不同，程度不同，上课的时间不同，所要的教师也不同。这样，一个人一班，教授与两个讲师便一天忙到晚了。这些学生中最小的一个才十二岁。

因此，教授与讲师都没法开一定的课程，而是兵来将挡，学生要学什么，他们就得教什么；学院当局最怕教师们说："这我可教不了。"于是，教授与讲师就很不易当。还拿中国语文系说吧，有一回，一个英国医生要求教他点中国医学。我不肯教，教授也瞪了眼。结果呢，还是由教授和他对付了一个学期。我很佩服教授这点对付劲儿；我也准知道，假若他不肯敷衍这个医生，大概院长那儿就更难对付。由这一点来说，我很喜欢这个学院的办法，来者不拒，一人一班，完全听学生的。不过，要这样办，教员可得真多，一系里只有两三个人，而想使个个学生满意，是作不到的。

成班上课的也有：军人与银行里的练习生。军人有时候一来就是一拨儿，这一拨儿分成几组，三个学中文，两个学日文，四个学土耳其文……既是同时来的，所以可以成班。这是最好的学生。他们都是小军官，又差不多都是世家出身，所以很有规矩，而且很用功。他们学会了一种语言，不管用得着与否，只要考试及格，在饷银上就有好处。据说会一种语言的，可以每年多关一百镑钱。他们在英国学一年中文，然后就可以派到中国来。到了中国，他们继续用功，而后回到英国受试验。试验及格便加薪俸了。我帮助考过他们，考题很不容易，言语，要能和中国人说话；文字，要能读大报纸上的社论与新闻，和能将中国的操典与公文译成英文。学中文的如是，学别种语文的也如是。厉害！英国的秘密侦探是著名的，军队中就有这么多，这么好的人才呀：和哪一国交战，他们就有会哪一国言语文字的军官。我认得一个年轻的军官，他已考及格过四种言语的初级试验，才二十三岁！想打倒帝国主义么，啊，得先充实自己的学问与知识，否则喊哑了嗓子只有自己难受而已。

最坏的学生是银行的练习生们。这些都是中等人家的子弟——不然也进不到银行去——可是没有军人那样的规矩与纪律，他们来学语言，只为马马虎虎混个资格，考试一过，马上就把"你有钱，我吃饭"忘掉。考试及格，他们就有被调用到东方来的希望，只是希望，并不保准。即使真被派遣到东方来，如新加坡、香港、上海等处，他们早知道满可以不说一句东方语言而把事全办了。他们是来到这个学院预备资格，不是预备言语，所以不好好的学习。教员们都不喜欢教他们，他们也看不起教员，特别是外国教员。没有比英国中等人家的二十上下岁的少年再讨厌的了，他们有英国人一切的讨厌，而英国人所有的好处他们还没有学到，因为他们是正在刚要由孩子变成大人的时候，所以比大人更讨厌。

班次这么多，功课这么复杂，不能不算是累活了。可是有一样好处：他们排功课表总设法使每个教员空闲半天。星期六下午照例没有课，再加上每周当中休息半天，合起来每一星期就有两天的休息。再说呢，一年分为三学期，每学期只上十个星期的课，一年倒可以有五个月的假日，还算不坏。不过，假期中可还有学生愿意上课；学生愿意，先生自然也得愿意，所以我不能在假期中一气离开伦敦许多天。这可也有好处，假期中上课，学费便归先生要。

学院里有个很不错的图书馆，专藏关于东方学术的书籍，楼上还有些中国书。学生在上课前，下课后，不是在休息室里，便是到图书馆去，因为此外别无去处。这里没有运动场等等的设备，学生们只好到图书馆去看书，或在休息室里吸烟，没别的事可作。学生既多数的是一人一班，而且上课的时间不同，所以不会有什么团体与运动。每一学期至多也不过有一次茶话会而已。这个会总是在图书馆里开，全校的人都被约请。没有演说，没有任何仪式，只有茶点，随意的吃。在开这个会的时候，学生才有彼此接谈的机会，老幼男女聚在一处，一边吃茶一边谈话。这才看出来，学生并不少；平日一个人一班，此刻才看到成群的学生。

假期内，学院里清静极了，只有图书馆还开着，读书的人可也并不甚多。我的《老张的哲学》《赵子曰》与《二马》，大部分是在这里写的，因为这里清静啊。那时候，学院是在伦敦城里。四外有好几个火车站，按说必定很乱，可是在学院里并听不到什么声音。图书馆靠街，可是正对着一块空地，有些花木，像个小公园。读完了书，到这个小公园去坐一下，倒也方便。现在，据说这个学院已搬到大学里去，图书馆与课室——一个友人来信这么说——相距很远，所以馆里更清静了。哼，希望多嗜有机会再到伦敦去，再在这图书馆里写上两本小说！

到了济南

老 舍

济南的马车

到济南来，这是头一遭。挤出车站，汗流如浆，把一点小伤风也治好了，或者说挤跑了；没秩序的社会能治伤风，可见事儿没绝对的好坏；那么，"相对论"大概就是这么琢磨出来的吧？

挑选一辆马车。"挑选"在这儿是必要的。马车确是不少辆，可是稍有聪明的人便会由观察而疑惑，到底那里有多少匹马是应当雇八个脚夫抬回家去？有多少匹可以勉强负拉人的责任？自然，刚下火车，决无意去替人家抬马，虽然这是善举之一；那么，找能拉车与人的马自是急需。然而这绝对不是容易的事儿，因为：第一，那仅有的几匹颇带"马"的精神的马，已早被手急眼快的主顾雇了去。第二，那些"略"带"马气"的马，本来可以将就，哪怕是只请他拉着行李——天下还有比"行李"这个字再不顺耳，不得人心，惹人头皮疼的？而我和赶车的在辕子两边担任扶持，指导，劝告，鼓励，（如还不走）拳打脚踢之责呢。这凭良心说，大概不能不算善于应付环境，具有东方文化的妙处吧？可是，"马"的问题刚要解决，"车"的问题早又来到：即使马能走三里五里，坚持到底不摔跟头；或者不幸跌了一跤，而能爬起来再接再厉；那车，那车，那车，是否能装着行李而车底儿不哗啦啦掉下去呢？又一个问题，确乎成问题！假使走到中途，车底哗啦啦，还是我扛着行李（赶车的当然不负这个责任），在马旁同行呢？还是叫马背着行李，我再背着马呢？自然是，三人行必有我师，陪着御者与马走上一程，也是有趣的事；可是，花了钱雇车，而自扛行李，单为证明"三人行必有我师"，是否有点发疯？至于马背行李，我再负马，事属非常，颇有古代故事中巨人的风度，是！可有一层，我要是被压而死，那马是否能把行李送到学校去？我不算什么，行李是不能随便掉失的！不为行李，起初又何必雇车呢？小资产阶级的逻辑，不错；但到底是逻辑呀！第三，别看马与车各有问题，马与车合起来而成的"马车"是整个的问题，敢情还有惊人的问题呢——车价。一开首我便得罪了一位赶车的，我正在向那些马国之鬼，和那堆车之骨骼发呆之际，我的行李突然被一位御者抢去了。我并没生气，反倒感谢他的热心张罗。当他把行李往车上一放的时候，一点不冤人，我确乎听见哗啦一声响，确乎看见连车带马向左右摇动者三次，向前后进退者三次。"行啊？"我低声的问御者。"行？"他十足的瞪了我一眼。"行？从济南走到德国去都行！"我不好意思再怀疑他，只好以他的话作我的信仰；心里想："有信仰便什么也不怕！"为平他的气，赶快问："到——大学，多少钱？"他说了一个数儿。我心平气和的说："我并不是要买贵马与尊车。"心里还想："假如弄这么一份财产，将来不幸死了，遗嘱上给谁承受呢？"正在这么想，也不知怎的，我的行李好像被魔鬼附体，全由车中飞出来了。再一看，那怒气冲天的御者一扬鞭，那瘦病之马一掀后蹄，便轧着我的皮箱跑过去。皮箱一点也没坏，只是上边落着一小块车轮上的胶皮；为避免麻烦，我也没敢叫回御者告诉他，万一他叫"我"赔偿呢！同时，心中颇不自在，怨自己"以貌取马"，哪知人家居然能掀起后蹄而跑数步之遥呢。

幸而××来了，带来一辆马车。这辆车和车站上的那些差不多。马是白色的，虽然事实上并不见得真白，可是用"白马之白"的抽象观念想起来，到底不是黑的，黄的，更不能说一定准是灰色的。马的身上不见得肥，因此也很老实。缰，鞍，肚带，处处有麻绳帮忙维系，更显出马之稳练驯良。车是黑色的，配起白马，本应黑白分明，相得益彰；可是不知济南的太阳光为何这等特别，叫黑白的相配，更显得暗淡灰丧。

行李，××和我，全上了车。赶车的把鞭儿一扬，吆喝了一声，车没有动。我心里说："马大概是睡着了。马是人们最好的朋友，多少带点哲学性，睡一会儿是常有的事。"赶车的又喊了一声，车微动。只动了一动，就又停住；而那匹马确是走出好几步远。赶车的不喊了，反把马拉回来。他好像老太婆缝补袜子似的，在马的周身上下细腻而安稳的找那些麻绳的接头，慢慢的一个一个的接好，大概有三十多分钟吧，马与车又发生关系。又是一声喊，这回马是毫无可疑的拉着车走了。倒叫我怀疑：马能拉着车走，是否一个奇迹呢？

一路之上，总算顺当。左轮的皮带掉了两次，随掉随安上，少费些时间，无关重要。马打了三个前失，把我的鼻子碰在车窗上一次，好在没受伤。跟××顶了两回牛儿，因为我们俩是对面坐着的，可是顶牛儿更显着亲热；设若没有这个机会，两个三四十的老小伙子，又焉肯脑门顶脑门的玩耍呢。因此，到了大学的时候，我摹仿着西洋少女，在瘦马脸上吻了一下，表示感谢他叫我们得以顶牛的善意。

济南的洋车

上次谈到济南的马车，现在该谈洋车。

济南的洋车并没有什么特异的地方。坐在洋车上的味道可确是与众不同。要领略这个味道，顶好先检看济南的道路一番；不然，屈骂了车夫，或诬蔑济南洋车构造不良，都不足使人心服。

检看道路的时候，请注意，要先看胡同里的；西门外确有宽而平的马路一条，但不能算作国粹。假如这检查的工作是在夜里，请别忘了拿个灯笼，踏一脚黑泥事小，把脚腕拐折至少也不甚舒服。

胡同中的路，差不多是中间垫石，两旁铺土的。土，在一个中国城市里，自然是黑而细腻，晴日飞扬，阴雨和泥的，没什么奇怪。提起那些石块，只好说一言难尽吧。假如你是个地质学家，你不难想到：这些石是否古代地层变动之时，整批的由地下翻上来，直至今日，始终原封没动；不然，怎能那样不平呢？但是，你若是个考古家，当然张开大嘴哈哈笑，济南真会保存古物哇！看，看哪一块石头没有多少年的历史！社会上一切都变了，只有你们这群老石还在这儿镇压着济南的风水！

浪漫派的文人也一定喜爱这些石路，因为块块石头带着慷慨不平的气味，且满有幽默。假如第一块屈了你的脚尖，哼，刚一迈步，第二块便会咬住你的脚后跟。左脚不幸被石洼囚住，留神吧，右脚会紧跟着滑溜出多远，早有一块中间隆起，稜而腻滑的等着你呢。这样，左右前后，处处是埋伏，有变化；假如哪位浪漫派写家走过一程，要是幸而不晕过去，一定会得到不少写传奇的启示。

无论是谁，请不要穿新鞋。鞋坚固呢，脚必磨破。脚结实呢，鞋上必来个窟窿。二者必居其一。那些小脚姑娘太太们，怎能不一步一跌，真使人糊涂而惊异！

在这种路上坐汽车，咱没这经验，不能说是舒服与否。只看见过汽车中的人们，接二连三的往前蹿，颇似练习三级跳远。推小车子也没有经验，只能想到：设若我去推一回，我敢保险，不是我——多半是我——就是小车子，一定有一个碎了的。

洋车，咱坐过。从一上车说吧。车夫拿起"把"来，也许是往前走，也许是往后退，那全凭石头叫他怎样他便得怎样。济南的车夫是没有自由意志的。石头有时一高兴，也许叫左轮活动，而把右轮抓住不放；这样，满有把坐车的翻到下面去，而叫车坐一会儿人的希望。

坐车的姿式也请留心研究一番。你要是充正气君子，挺着脖子正着身，好啦：为维持脖子的挺立，下车以后，你不变成歪脖儿柳就算万幸。你越往直里挺，它们越左右的筛摇；济南的石路专爱打倒挺脖子，显正气的人们！反之，你要是缩着脖子，懈松着劲儿，请要留神，车子忽高忽低之际，你也许有鬼神暗佑还在车上，也许完全摇出车外，脸与道旁黑土相吻。从经验中看，最好的办法是不挺不缩，带着弹性。像百码决赛预备好，专候枪声时的态度，最为相宜。一点不松懈，一点不忽略，随高就高，随低就低，车左亦左，车右亦右，车起须如据鞍而立，车落应如鲤鱼入水。这样，虽然麻烦一些，可是实在安全，而且练习惯了，以后可以不晕船。

坐车的时间也大有研究的必要，最适宜坐车的时候是犯肠胃闭塞病之际。不用吃泄药，只须在饭前，喝点开水，去坐半小时上下的洋车，其效如神。饭后坐车是最冒险的事，接连坐过三天，设若不生胃病，也得长盲肠炎。要是胃口像林黛玉那么弱的人，以完全不坐车为是，因没有一个时间是相宜的。

末了，人们都说济南洋车的价钱太贵，动不动就是两三毛钱。但是，假如你自己去在这种石路上拉车，给你五块大洋，你干得了干不了？

济南一些事儿

由前两段看来，好像我不大喜欢济南似的。不，不，有大不然者！有幽默的人爱"看"，看了，能不发笑吗？天下可有几件事，几件东西，叫你看完而不发笑的？不信，闭上一只眼，看你自己的鼻子，你不笑才怪；先不用说别的。有的人看什么也不笑，也对呀，喜悲剧的人不替古人落泪不痛快，因为他好"觉"；设身处地的那么一"觉"，世界上的事儿便少有不叫泪腺要动作动作的。噢，原来如此！

济南有许多好的事儿，随便说几种吧：葱好，这是公认的吧，不是我造谣生事。听说，犹太人少有得肺病的，因为吃鱼吃的；山东人是不是因为多嚼大葱而不患肺病呢？这倒值得调查一下，好叫吃完葱的士女不必说话怪含羞的用手掩着嘴：假如调查结果真是山西河南广东因肺病而死的比山东多着七八十来个（一年多七八十，一万年要多若干？），而其主因确是因为口中的葱味使肺病菌倒退四十里。

在小曲儿里，时常用葱尖比美妇人的手指，这自然是春葱，决不会是山东的老葱，设若美妇人的十指都和老葱一般儿粗（您晓得山东老葱的直径是多少寸），一旦妇女革命，打倒男人，一个嘴巴子还不把男人的半个脸打飞！这决不是济南的老葱不美，不是。葱花自然没有什么美丽，葱叶也比不上蒲叶那样挺秀，竹叶那样清劲，连蒜叶也比不上，因为蒜叶至少可以假充水仙。不要花，不看叶，单看葱白儿，你便觉得葱的伟丽了。看运动家，别看他或她的脸，要先看那两条完美的腿，看葱亦然。（运动家注意。这里一点污辱的意思没有；我自己的腿比蒜苗还细，焉敢攀高比诸葱哉！）济南的葱白起码有三尺来长吧：粗呢，总比我的手腕粗着一两圈儿——有愿看我的手腕者，请纳参观费大洋二角。这还不算什么，最美是那个晶亮，含着水，细润，纯洁的白颜色。这个纯洁的白色好像只有看见过古代希腊女神的乳房者才能明白其中的奥妙，鲜，白，带着滋养生命的乳浆！这个白色叫你舍不得吃它，而拿在手中颠着，赞叹着，好像对于宇宙的伟大有所领悟。由不得把它一层层的剥开，每一层落下来，都好似油酥饼的折叠；这个油酥饼可不是"人"手烙成的。一层层上的长直纹儿，一丝不乱的，比画图用的白绢还美丽。看见这些纹儿，再看看馍馍，你非多吃半斤馍馍不可。人们常说——带着讽刺的意味——山东人吃的多，是不知葱之美者也！

反对吃葱的人们总是说：葱虽好，可是味道有不得人心之处。其实这是一面之词，假若大家都吃葱，而且时常开个"吃葱竞赛会"，第一名赠以重二十斤金杯一个，你看还敢有人反对否！

记得，在新加坡的时候，街上有卖柘莲者，味臭无比，可是土人和华人久住南洋者都嗜之若命。并且听说，英国维克陶利亚女皇吃过一切果品，只是没有尝过柘莲，引为憾事。济南的葱，老实的讲，实在没有奇怪味道，而且确是甜津津的。假如你不信呢，吃一棵尝尝。

齐鲁大学

老 舍

　　齐大在济南的南关外，空气自然比城里的新鲜，这已得到成个公园的最要条件。花木多，又有了成个公园的资格。确实有许多人到那里玩，意思是拿它当作——非正式的公园。逛这个非正式的公园以夏天为最好。春天花多，秋天树叶美，但是只在夏天才有"景"，冬天没有什么特色。

　　当夏天，进了校门便看见一座绿楼，楼前一大片绿草地，楼的四围全是绿树，绿树的尖上浮着一两个山峰，因为绿树太密了，所以看不见树后的房子与山腰，使你猜不到绿荫后边还有什么；深密伟大，你不由的深吸一口气。绿楼？真的，"爬山虎"的深绿肥大的叶一层一层的把楼盖满，只露着几个白边的窗户；每阵小风，使那层层的绿叶掀动，横着竖着都动得有规律，一片竖立的绿浪。

　　往里走吧，沿着草地——草地边上不少的小蓝花呢——到了那绿荫深处。这里都是枫树，树下四条洁白的石凳，围着一片花池。花池里虽没有珍花异草，可是也有可观；况且往北有一条花径，全是小红玫瑰。花径的北端有两大片洋葵，深绿叶，浅红花；这两片花的后面又有一座楼，门前的白石阶栏像享受这片鲜花的神龛。楼的高处，从绿槐的密叶的间隙里看到，有一个大时辰钟。

　　往东西看，西边是一进校门便看见的那座楼的侧面与后面，与这座楼平行，花池东边还有一座；这两座楼的侧面山墙，也都是绿的。花径的南端是白石的礼堂，堂前开满了百日红，壁上也被绿蔓爬匀。那两座楼后，两大片草地，平坦，深绿，像张绿毯。这两块草地的南端，又有两座楼，四周围蔷薇作成短墙。设若你坐在石凳上，无论往哪边看，视线所及不是红花，便是绿叶；就是往上下看吧：下面是绿草，红花，与树影；上面是绿枫树叶，往平里看，有时从树隙花间看见女郎的一两把小白伞，有时看男人的白大衫。伞上衫上时时落上些绿的叶影。人不多，因为放暑假了。

拐过礼堂，你看见南面的群山，绿的。山前的田，绿的。

一个绿海，山是那些高的绿浪。

礼堂的左右，东西两条绿径，树荫很密，几乎见不着阳光。顺着这绿径走，不论往西往东，你看见些小的楼房，每处有个小花园。园墙都是矮松做的。

春天的花多，特别是丁香和玫瑰，但是绿得不到家。秋天的红叶美，可是草变黄了。冬天树叶落净，在园中便看见了山的大部分，又欠深远的意味。只有夏天，一切颜色消沉在绿的中间，由地上一直绿到树上浮着的绿山峰，成功以绿为主色的一景。

到了齐大，暑假还未曾完。除了太阳要落的时候，校园里不见一个人影。那几条白石凳，上面有枫树给张着伞，便成了我的临时书房。手里拿着本书，并不见得念；念地上的树影，比读书还有趣。我看着：细碎的绿影，夹着些小黄圈，不定都是圆的，叶儿稀的地方，光也有时候透出七棱八角的一小块。小黑驴似的蚂蚁，单喜欢在这些光圈上慌手忙脚的来往过。那边的白石凳上，也印着细碎的绿影，还落着个小蓝蝴蝶，抿着翅儿，好像要睡。一点风儿，把绿影儿吹醉，散乱起来；小蓝蝶醒了懒懒的飞，似乎是作着梦飞呢；飞了不远，落下了，抱住黄蜀菊的蕊儿。看着，老大半天，小蝶儿又飞了，来了个愣头磕脑的马蜂。

真静。往南看，千佛山懒懒的倚着一些白云，一声不出。往北看，围子墙根有时过一两个小驴，微微有点铃声。往东西看，只看见楼墙上的爬山虎。叶儿微动，像竖起的两面绿浪。往下看，四下都是绿草。往上看，看见几个红的楼尖。全不动。绿的，红的，上上下下的，像一张画，颜色固定，可是越看越好看。只有办公处的大钟的针儿，偷偷的移动，好似唯恐怕叫光阴知道似的，那么偷偷的动，从树隙里偶尔看见一个小女孩，花衣裳特别花哨，突然把这一片静的景物全刺激了一下；花儿也是更红，叶儿也更绿了似的；好像她的花衣裳要带这一群颜色跳舞起来。小女孩看不见了，又安静起来。槐树上轻轻落下个豆瓣绿的小虫，在空中悬着，其余的全不动了。

园中就是缺少一点水呀！连小麻雀也似乎很关心这个，时常用小眼睛往四下找，假如园中，就是有一道小溪吧，那要多么出色，溪里再有些各色的鱼，有些荷花！那怕是有个喷水池呢，水声，和着枫叶的轻响，在石台上睡一刻钟，要作出什么有声有色有香味的梦！花木够了，只缺一点水。

短松墙觉得有点死板，好在发着一些松香；若是上面绕着些密罗松，开着些血红的小花，也许能减少一些死板气儿，园外的几行洋槐很体面，似乎缺少一些小白石凳。可是继而一想，没有石凳也好，校园的全景，就妙在只有花木，没有多少人工作的点缀，砖砌的花池咧，绿竹篱咧，全没有；这样，没有人的时候，才真像没有人，连一点人工经营的痕迹也看不出来；换句话说这才不俗气。

回忆济南

老 舍

从民国十九年七月到二十三年秋初，我整整的在济南住过四载。在那里，我有了第一个小孩，即起名为"济"。在那里，我交下不少的朋友：无论什么时候我从那里过，总有人笑脸地招呼我；无论我到何处去，那里总有人惦念着我。在那里，我写成了《大明湖》《猫城记》《离婚》《牛天赐传》，和收在《赶集》里的那十几个短篇。在那里，我努力地创作，快活地休息……四年虽短，但是一气住下来，于是事与事的联系，人与人的交往，快乐与悲苦的代换，便显明地在这一生里自成一段落，深深地印划在心中；时短情长，济南就成了我的第二故乡。

它介乎北平与青岛之间。北平是我的故乡，可是这七年来，我不是住济南，便是住青岛。在济南住呢，时常想念北平；及至到了北平的老家，便又不放心济南的新家。好在道路不远，来来往往，两地都有亲爱的人，熟悉的地方；它们都使我依依不舍，几乎分不出谁重谁轻。在青岛住呢，无论是由青去平，还是自平返青，中途总得经过济南。车到那里，不由的我便要停留一两天。趵突泉、大明湖、千佛山等名胜，闭了眼也曾想出来，可是重游一番总是高兴的：每一角落，似乎都存着一些生命的痕迹；每一小小的变迁，都引起一些感触；就是一风一雨也仿佛含着无限的情意似的。

讲富丽堂皇，济南远不及北平；讲山海之胜，也跟不上青岛。可是除了北平青岛，要在华北找个有山有水，交通方便，既不十分闭塞，而生活程度又不过高的城市，恐怕就得属济南了。况且，它虽是个大都市，可是还能看到朴素的乡民，一群群的来此卖货或买东西，不像上海与汉口那样完全洋化。它似乎真是稳立在中国的文化上，城墙并不足拦阻住城与乡的交往；以善作洋奴自夸的人物与神情，在这里是不易找到的。这使人心里觉得舒服一些。一个不以跳舞开香槟为理想的生活的人，到了这里自自然然会感到一些平淡而可爱的滋味。

济南的美丽来自天然，山在城南，湖在城北。湖山而外，还有七十二泉，泉水成溪，穿城绕郭。可惜这样的天然美景，和那座城市结合到一处，不但没得到人工的帮助而相得益彰，反而因市设的敷衍而淹没了丽质。大路上灰尘飞扬，小巷里污秽杂乱，虽然天色是那么清明，泉水是那么方便，可是到处老使人憋得慌。近来虽修成几条柏油路，也仍旧显不出怎么清洁来。至于那些名胜，趵突泉左右前后的建筑破烂不堪，大明湖的湖面已化作水田，只剩下几道水沟。有人说，这种种的败陋，并非因为当局不肯努力建设，而是因为他们爱民如子，不肯把老百姓的钱都花费在美化城市上。假若这是可靠的话，我们便应当看见老百姓的钱另有出路，在国防与民生上有所建设。这个，我们却没有看见。这笔账该当怎么算呢？况且，我们所要求的并不是高楼大厦，池园庭馆，而是城市应有的卫生与便利。假若在城市卫生上有相当的设施，到处注意秩序与清洁，这座城既有现成的山水取胜，自然就会美如画图，用不着浪费人工财力。

这倒并非专为山水喊冤，而是借以说明许多别的事。济南的多少事情都与此相似，本来可以略加调整便有可观，可是事实上竟废弛委弃，以至一切的事物上都罩着一层灰土。这层灰土下蠕蠕微动着一群可好可坏的人，隐覆着一些似有若无的事；不死不生，一切灰色。此处没有崭新的东西，也没有彻底旧的东西，本来可以令人爱护，可是又使人无法不伤心。什么事都在动作，什么可也没照着一定的计划作成。无所拒绝，也不甘心接受，不易见到有何主张的人，可也不易见到很讨厌的人，大家都那么和气一团，敷敷衍衍，不易捉摸，也没什么大了不起。有电灯而无光，有马路而拥挤不堪，什么都有，什么也都没有，恰似暮色微茫，灰灰的一片。

按理说，这层灰色是不应当存到今日的，因为五卅惨案的血还鲜红的在马路上，城根下，假若有记性的人会闭目想一会儿。我初到济南那年，那被敌人击破的城楼还挂着"勿忘国耻"的破布条在那儿含羞的立着。不久，城楼拆去，国耻布条也被撤去，同被忘掉。拆去城楼本无不可，但是别无建设或者就是表示着忘去烦恼最为简便；结果呢，敌人今日就又在那里唱凯歌了。

　　在我写《大明湖》的时候，就写过一段："在千佛山上北望济南全城，城河带柳，远水生烟，鹊华对立，夹卫大河，是何等气象。可是市声隐隐，尘雾微茫，房贴着房，巷联着巷，全城笼罩在灰色之中。敌人已经在山巅投过重炮，轰过几昼夜了，以后还可以随时地重演一次；第一次的炮火既没能打破那灰色的大梦，那么总会有一天全城化为灰烬，冲天的红焰赶走了灰色，烧完了梦中人灰色的城，灰色的人，一切是统制，也就是因循，自己不干，不会干，而反倒把要干与会干的人的手捆起来；这是死城！"此书的原稿已在上海随着一·二八的毒火殉了难，不过这一段的大意还没有忘掉，因为每次由市里到山上去，总会把市内所见的灰色景象带在心中，而后登高一望，自然会起了忧思。湖山是多么美呢，却始终被灰色笼罩着，谁能不由爱而畏，由失望而颤抖呢？

　　再说，破碎的城楼可以拆去，而敌人并未曾退出；眼不见心不烦，可是小鬼们就在眼前，怎能疏忽过去，视而不见呢？敌人的医院，公司，铺户，旅馆，分散在商埠各处。哪一个买卖也带"白面"，即使不是专售，也多少要预备一些，余利作为妇女与孩子们的零钱。大批的劣货垄断着市场，零整批发的吗啡白面毒化着市民，此外还不时的暗放传染病的毒菌，甚至于把他们国内穿残的破裤烂袄也整船的运来销卖。这够多么可怕呢？可是我们有目无睹，仍旧逍遥自在；等因奉此是唯一的公事，奉命唯谨落个好官，我自为之，别无可虑。人家以经济吸尽我们的血，我们只会加捐添税再抽断老百姓的筋。对外讲亲善，故无抵制；对内讲爱民，而以大家不出声为感戴。敌人的炮火是厉害的，敌人的经济侵略是毒辣的，可是我们的捆束百姓的政策就更可怕。济南是久已死去，美丽的湖山只好默然蒙羞了！

平日对敌人的经济侵略不加防范，还可以用有心无力或事关全国为词。及至敌军已深入河北，而大家依旧安闲自在，就太可怪了。山东的富力为江北各省之冠，人民既善于经营，又强壮耐苦。有这样的才力与人力，假若稍有准备，即使不能把全省防御得如铜墙铁壁至少也得教敌人吃很大的苦头，方能攻入。可是，济南是省会，既系灰色，别处就更无可说的了。济南为全省的脑府，而实际上只是空空的一个壳儿，并无脑子。这个空壳子响一响便是政治，四面低低的回应便算办了事情。计划、科学、文化、人才，都是些可疑的名词，因为它们不是那空壳子所能了解的。反之，随便响一响，从心所欲正好见出权威。济南是必须死的，而且必不可免的累及全省。

这里一点无意去攻击任何人；追悔不如更新，我们且揭过这一页去吧。灰色的济南，可爱的济南，已被敌人的炮火打碎。可是湖山难改，我们且去用血把它刷新重建个美丽庄严的新都市。别矣济南！那是一场恶梦！再会面时，你将是清醒的合理的，以人民的力量筑成而归人民享用的。我将看到那城河更多一些绿柳，柳荫下有白石的小凳，任人休息。我将看见破旧的城墙变为宽坦的马路，把乡郊与城市打成一家；在城里可望见南山的果林，在乡间可以知道城内的消息。我将看到大明湖还田为湖，有十顷白莲。我将看见趵突泉改为浴场，游泳着健壮的青年男女。我将看见马鞍山前后有千百烟囱，用着博山的煤，把胶东的烟叶制成金丝，鲁北的棉花织成细布，泰山的樱桃，莱阳的梨，肥城的蜜桃，制成精美的罐头；烟台的葡萄与苹果酿成美酒，供给全国的同胞享用。还有那已具雏形的造钟制钢，玻璃瓷器，绵绸花边等等工业，都能合理的改进发展，富国裕民。我希望济南成为全省真正的脑府，用多少条公路，几条河流，和火车电话，把它的智慧热诚的清醒的串送到东海之滨与泰山之麓。挣扎吧，济南！失去一城，无关于最后的胜负。今日之泪是悔认昨日之非；有此觉悟，便能打好明日的主意。济南，今日之死是脱胎换骨，取得新的生命；那明湖上的新蒲绿柳自会有我们重来欣赏啊！

青岛与我

老　舍

这是头一次在青岛过夏。一点不吹，咱算是开了眼。可是，只能说开眼；没有别的好处。就拿海水浴说吧，咱在海边上亲眼看见了洋光眼子！可是咱自家不敢露一手儿。大概您总可以想象得到：一个比长虫——就是蛇呀——还瘦的人儿，穿上上不着天、下不着地的浴衣，脖子上套着太平圈，浑身上下骨骼分明，端立海岸之上，这是不是故意的气人？即使大家不动气，咱也不敢往水里跳呀；脖子上套着皮圈，而只在沙土上"憧憬"，泄气本无不可，可也不能泄得出奇。咱只能穿着夏布大衫，远远的瞧着；偶尔遇上个异教卫道的人，相对微笑点首，叹风化之不良；其实他也跟我一样，不敢下水。海水浴没了咱的事。

白天上海岸，晚上呢自然得上跳舞场。青岛到夏天，的确是热闹：白舞女，黄舞女，黑舞女，都光着脚，脚指甲上涂得通红晶亮，鞋只是两根绊儿和两个高底。衣服，帽子，花样之多简直说不尽。按说咱既不敢下海，晚上似乎该去跳了，出点汗，活动活动。咱又没这个造化。第一，晚上一过九点就想睡；到舞场买票睡觉，似乎大可不必。第二呢，跳倒可以敷衍着跳一气，不过人家不踩咱的脚趾，而咱只踩人家的，虽说有独到之处，到底怪难以为情。莫若早早的睡吧，不招灾，不惹祸。况且这么规规矩矩，也足引起太太的敬意，她甚至想登报颂扬我的"仁政"，可是被我拦住了，我向来是不好虚荣的。

既不去赶热闹，似乎就该在家中找些乐事；唱戏，打牌，安无线广播机等等都是青岛时兴的玩艺。以唱戏说，不但早晨在家中吊嗓子的很多，此地还有许多剧社，锣鼓俱全，角色齐备，倒怪有个意思。我应当加入剧社，我小时候还听过谭鑫培呢，当然有唱戏的资格。找了介绍人，交了会费，头一天我就露了一出《武家坡》。我觉得唱得不错，第二天早早就去了，再想露一出拿手的。等了足有两点钟吧，一个人也没来，社员们太不热心呀，我想。第三天我又去了，还是没人，这未免有点奇怪。坐了十来分钟我就出去了，在门口遇见了个小孩。"小孩，"我很和气的说，"这儿怎样老没人？"小孩原来是看守票房李六的儿子，知道不少事儿。"这两天没人来，因为呀，"小孩笑着看了我一眼，"前天有一位先生唱得像鸭子叫唤，所以他们都不来啦；前天您来了吗？"我摇了摇头，一声没出就回了家。回到家里，我一咂摸滋味，心里可真有点不得劲儿。可是继而一想呢，票友们多半是有习气的，也许我唱得本来很好，而他们"欺生"。这么一想，我就决定在家里独唱，不必再出去怄闲气。唱，我一个人可就唱开了，"文武代打"，好不过瘾！唱到第三天，房东来了，很客气的请我搬家，房东临走，向敝太太低声说了句："假若先生不唱呢，那就不必移动了，大家都是朋友！"太太自然怕搬家，先生自然怕太太，我首先声明我很讨厌唱戏。

我刚要去买播音机，邻居郑家已经安好，我心中不大好过。在青岛，什么事走迟了一步，风头就被别人出尽；我不必再花钱了，既然已叫郑家抢了先。再说呢，他们播放，我听得很真，何必一定打对仗呢。我决定等着听便宜的。郑家的机器真不坏，据说花了八百多块。每到早十点，他们必转弄那个玩艺。最初是像火车挂钩，嘎！哗啦，哗啦！哗啦了半天，好似怕人讨厌它太单调，忽然改了腔儿，细声细气的，像老牛害病时那样呻吟。猛古丁的又改了办法，啪啪，喔——喔，越来越尖，咯喳！我以为是院中的柳树被风刮折了一棵！这是前奏曲。一切静寂，有五分钟的样子，忽然兜着我的耳根子："南京！"也就是我呀，修养差一点的，管保得惊疯！吃了一丸子定神丸，我到底要听听南京怎样了。哦，原来南京的底下是——"王小姐唱《毛毛雨》"。这个《毛毛雨》可与众不同：第一声很足壮，第二声忽然像被风

57

刮了走，第三声又改了火车挂钩，然后紧跟着刮风，下雨，打雷，空军袭击城市，海啸；《毛毛雨》当然听不到了。闹了一大阵，兜着我的耳根子——"北平！"我堵上了耳朵。早晨如是，下午如是，夜间如是；这回该我找房东去了。我搬了家。

还就是打个小牌，大概可以不招灾惹祸，可是我没有忍力。叫我打一圈吗，还可以；一坐下就八圈，我受不了。况且十几张牌，咱得把它们摆成五行，连这么办还有时把该留着的打出去。在我，这是消遣，慢慢的调动，考虑，点头，迟疑，原无不可；可是别人受得了吗。莫若多一事不如少一事，不必招人讨厌。

您说青岛这个地方，除了这些玩耍，还有什么可干的？干脆的说吧，我简直和青岛不发生关系，虽然是住在这里。有钱的人来青岛，好。上青岛来结婚，妙。爱玩的人来青岛，行。对于我，它是片美丽的沙漠。

对，有一件事我做还合适，而且很时兴。娶个姨太太。是的，我得娶个姨太太。又体面，又好玩。对，就这么办啦。我先别和太太商量，而暗中储蓄俩钱儿。等到娶了姨太太之后，也许我便唱得比鸭子好听，打牌也有了忍力……您等我的喜信吧！

有了小孩以后

老　舍

　　艺术家应以艺术为妻，实际上就是当一辈子光棍儿。在下闲暇无事，往往写些小说，虽一回还没自居过文艺家，却也感觉到家庭的累赘。每逢困于油盐酱醋的灾难中，就想到独人一身，自己吃饱便天下太平，岂不妙哉。

　　家庭之累，大半由儿女造成。先不用提教养的花费，只就淘气哭闹而言，已足使人心慌意乱。小女三岁，专会等我不在屋中，在我的稿子上画圈拉杠，且美其名曰"小济会写字"！把人要气没了脉，她到底还是有理！再不然，我刚想起一句好的，在脑中盘旋，自信足以愧死莎士比亚，假若能写出来的话。当是时也，小济拉拉我的肘，低声说："上公园看猴？"于是我至今还未成莎士比亚。小儿一岁整，还不会"写字"，也不晓得去看猴，但善亲亲，闭眼，张口展览上下四个小牙。我若没事，请求他闭眼，露牙，小胖子总会东指西指的打岔。赶到我拿起笔来，他那一套全来了，不但亲脸，闭眼，还"指"令我也得表演这几招。有什么办法呢？！

　　这还算好的。赶到小济午后不睡，按着也不睡，那才难办。到这么四点来钟吧，她的困闹开始，到五点钟我已没有人味。什么也不对，连公园的猴都变成了臭的，而且猴之所以臭，也应当由我负责。小胖子也有这种困而不睡的时候，大概多数是与小济同时发难。两位小醉鬼一齐找毛病，我就是诸葛亮恐怕也得唱空城计，一点办法没有！在这种干等束手被擒的时候，偏偏会来一两封快信——催稿子！我也只好闹脾气了。不大一会儿，把太太也闹急了，一家大小四口，都成了醉鬼，其热闹至为惊人。大人声言离婚，小孩怎说怎不是，于离婚的争辩中瞎打混。一直到七点后，二位小天使已困得动不的，离婚的宣言才无形的撤销。这还算好的。遇上小胖子出牙，那才真教厉害，不但白天没有情理，夜里还得上夜班。一会儿一醒，若被针扎了似的惊啼，他出牙，谁也不用打算睡。他的牙出利落了，大家全成了红眼虎。

不过，这一点也不妨碍家庭中爱的发展，人生的巧妙似乎就在这里。记得Frank Harris仿佛有过这么点记载：他说王尔德为那件不名誉的案子过堂被审，一开头他侃侃而谈，语多幽默。及至原告提出几个男妓作证人，王尔德没了脉，非失败不可了。Harris以为王尔德必会说："我是个戏剧家，为观察人生，什么样的人都当交往。假若我不和这些人接触，我从哪里去找戏剧中的人物呢？"可是，王尔德竟自没这么答辩，官司就算输了！

把王尔德且放在一边；艺术家得多去经验，Harris的意见，假若不是特为王尔德而发的，的确是不错。连家庭之累也是如此。还拿小孩们说吧——这才来到正题——爱他们吧，嫌他们吧，无论怎说，也是极可宝贵的经验。

在没有小孩的时候，一个人的世界还是未曾发现美洲的时候的。小孩是科仑布，把人带到新大陆去。这个新大陆并不很远，就在熟习的街道上和家里。你看，街市上给我预备的，在没有小孩的时候，似乎只有理发馆、饭、书店、邮政局等。我想不出婴儿医院，糖食店，玩具铺等等的意义。连药房里的许许多多婴儿用的药和粉，报纸上婴儿药片的广告，百货店里的小袜子小鞋，都显着多此一举，劳而无功。及至小天使自天飞降，我的眼睛似乎戴上了一双放大镜，街市依然那样，跟我有关系的东西可是不知增加了多少倍！婴儿医院不但挂着牌子，敢情里边还有医生呢。不但有医生，还是挺神气，一点也得罪不得。拿着医生所给的神符，到药房去，敢情那些小瓶子小罐都有作用。不但要买瓶子里的白汁黄面和各色的药饼，还得买瓶子罐子，轧粉的钵，量奶的漏斗，乳头，卫生尿布，玩艺多多了！百货店里那些小衣帽，小家具，也都有了意义；原先以为多此一举的东西，如今都成了非它不行；有时候铺中缺乏了我所要的那一件小物品，我还大有看不起他们的意思：既是百货店，怎能不预备这件东西呢？！慢慢的，全街上的铺子，除了金店与古玩铺，都有了我的足迹；连当铺也走得怪熟。铺中人也渐渐熟识了，甚至可以随便闲谈，以小孩为中心，谈得颇有味儿。伙计们，掌柜们，原来不仅是站柜作买卖，家中还有小孩呢！有的铺子，竟自敢允许我欠账，仿佛一有了小孩，我的人格也好了些，能被人信任。三节的账条来得很踊跃，使我明白了过节过年的时候怎样出汗。

小孩使世界扩大，使隐藏着的东西都显露出来。非有小孩不能明白这个。看着别人家的孩子，肥肥胖胖，整整齐齐，你总觉得小孩们理应如此，一生下来就戴着小帽，穿着小袄，好像小雏鸡生下来就披着一身黄绒似的。赶到自己有了小孩，才能晓得事情并不这么简单。一个小娃娃身上穿戴着全世界的工商业所能供给的，给全家人以一切啼笑爱怨的经验，小孩的确是位小活神仙！

有了小活神仙，家里才会热闹。窗台上，我一向认为是摆花的地方。夏天呢，开着窗，风儿轻轻吹动花与叶，屋中一阵阵的清香。冬天呢，阳光射到花上，使全屋中有些颜色与生气。后来，有了小孩，那些花盆很神秘的都不见了，窗台上满是瓶子罐子，数不清有多少。尿布有时候上了写字台，奶瓶倒在书架上。大扫除才有了意义，是的，到时候非痛痛快快的收拾一顿不可了，要不然东西就有把人埋起来的危险。上次大扫除的时候，我由床底下找到了但丁的《神曲》。不知道这老家伙干吗在那里藏着玩呢！

人的数目也增多了，而且有很多问题。在没有小孩的时候，用一个仆人就够了，现在至少得用俩。以前，仆人"拿糖"，满可以暂时不用；没人作饭，就外边去吃，谁也不用拿捏谁。有了小孩，这点豪气趁早收起去。三天没人洗尿布，屋里就不要再进来人。牛奶等项是非有人管理不可，有儿方知卫生难，奶瓶子一天就得烫五六次；没仆人简直不行！有仆人就得捣乱，没办法！

好多没办法的事都得马上有办法，小孩子不会等着"国联"慢慢解决儿童问题。这就长了经验。半夜里去买药，药铺的门上原来有个小口，可以交钱拿药，早先我就不晓得这一招。西药房里敢情也打价钱，不等他开口，我就提出："还是四毛五？"这个"还是"使我省五分钱，而且落个行家。这又是一招。找老妈子有作坊，当票儿到期还可以入利延期，也都被我学会。没功夫细想，大概自从有了儿女以后，我所得的经验至少比一张大学文凭所能给我的多着许多。大学文凭是由课本里掏出来的，现在我却念着一本活书，没有头儿。

连我自己的身体现在都会变形，经小孩们的指挥，我得去装马装牛，还须装得象个样儿。不但装牛像牛，我也学会牛的忍性，小胖子觉得"开步走"有意思，我就得百走不厌；只作一回，绝对不行。多嗻他改了主意，多嗻我才能"立正"。在这里，我体验出母性的伟大，觉得打老婆的人们满该下狱。

中秋节前来了个老道，不要米，不要钱，只问有小孩没有？看见了小胖子，老道高了兴，说十四那天早晨须给小胖子左腕上系一根红线。备清水一碗，烧高香三炷，必能消灾除难。右邻家的老太太也出来看，老道问她有小孩没有，她惨淡的摇了摇头。到了十四那天，倒是这位老太太的提醒，小胖子的左腕上才拴了一圈红线。小孩子征服了老道与邻家老太太。一看胖手腕的红线，我觉得比写完一本伟大的作品还骄傲，于是上街买了两尊兔子王，感到老道，红线，兔子王，都有绝大的意义！

百年中国记忆
BAINIAN ZHONGGUO JIYI

第三辑

八方风雨：愿以笔代枪

忆老舍与文协

于志恭

1937年"七七"事变以后，我去武汉，曾在中华全国文艺界抗敌协会（简称文协）工作，从而有机会认识老舍同志，了解他在抗战初期的一些活动。现在，就我记忆所及，把当时一些感受较深的事情记载如下。

文协的成立和在武汉的活动

卢沟桥事变数月后，老舍接受前国民革命委员会政治委员会主席冯玉祥的邀请，住在武昌黄土坡千家街福音堂。在这里的作家还有吴组缃、刘思慕、赖亚力等。冯玉祥请老舍和何容办了一个刊物叫作《抗到底》，意思就是抗战到底不投降。冯玉祥还请老舍帮助赵望云搞了个《抗战画刊》。

1938年3月，中华全国文艺界抗敌协会在汉口成立，老舍是主要筹备人之一。这个组织是全国文艺界最广泛的抗日民族统一战线组织，理事有郭沫若、茅盾、巴金、夏衍等，会员包括了全国各抗日阶层的作家。文协的会刊《抗战文艺》号召作家"入伍""下乡"，组织战地服务团和访问团，进行抗日宣传工作。开成立会那天，有文艺演出，由参加大会的文艺工作者登台表演，盛况空前。老舍化了妆，头上围着一块手绢上场，演出了精彩的相声，博得全场喝彩，满堂笑声。他不仅是作家，而且是表演艺术家。他那幽默、严肃、认真的风度，确实有独到之处。这一次盛会，是萃集了全国文艺工作者在一起团结抗日的盛会。郭老的诗歌，老舍的表演，以及许多文艺工作者的精彩表演，使不会演出的人也登台表演了节目，以表达对大会热烈祝贺的心情。冯玉祥先生以文协理事和"丘八诗人"，即抗战诗歌作者的身份出席大会，并登台作了表演。我们见到他手执一块面纱，扭动着身子，唱"泰山之歌"。

当时周恩来总理在武汉领导着大江南北的抗战工作。文艺界的抗日宣传工作，受到周总理的殷切关怀和支持。周总理曾亲自到福音堂看望大家，对大家鼓舞很大。周总理应冯玉祥的请求，曾派人（记得是凯丰、李涛等同志）到福音堂来讲抗战形势和游击战争，并题了词。老舍同志对此感到无比兴奋。当他看到邓颖超同志"精诚团结、贯彻始终"的题词时，深有体会地说："这是精诚团结、共赴国难的精神，是实行全面抗战的精神。"

但是，周总理的支持，文艺界轰轰烈烈团结抗日的局面，却受到蒋介石的仇视，后来由文化特务张道藩出来挑拨离间，破坏文协。这对老舍增加了困难。一些主张抗日的民主人士和社会贤达听到这事也非常气愤，提出非议。冯玉祥和徐谦（字季龙）也都支持文协。这位出身翰林，跟着孙中山先生革命的徐先生，要冯玉祥委曲求全，向蒋面谏团结抗战，不要仇视文协。他还写了一首诗：

一纸行书两绝诗，遂良须鬓已成丝。

何当火急传家法，有见诚恳笔谏时。

他要蒋介石真下决心抗战，不要口是心非，破坏抗战团结。冯玉祥向蒋介石说了这件事。

当时，徐谦和冯玉祥住在福音堂内西楼；老舍住在东南楼，和老舍同住一个楼的还有楼适夷等人；李烈钧住东楼；都是主张抗战的人士。对于这段情况，冯玉祥在他的《我所认识的蒋介石》一书中有这样一段记载：

"在武汉这一个地方最好的现象是大家都想团结一致共同抗战。如同汉口成立的抗战文协，是舒舍予（老舍）他们领导的，我听说这些拿笔杆子的文人，平时都是你挑剔我，我批评你，谁和谁都不易在一起。这一次为了打倒日本帝国主义，收复失地，雪我们全民族的耻辱，他们成立了抗战文协，大家都团结起来了，把自己互相指责的精神，集中起来对准敌人进攻。开成立会那一天有几十桌客人，我唱了个歌叫'柴夫的儿子'，还讲了一段话。假如在政府里的人和党里的新贵族，他了解到这一点，我想后来决不应再弄个张道藩来专做挑拨的工作。虽然那位姓张的努了些力，到底也没有破坏文协的团结，也可见不以最大多数人的利益为利益，而以很少数人的利益为利益，永远不会成功什么事体的。"

冯玉祥直接指责蒋介石"弄个张道藩来专做挑拨的工作"，可见当时文协的处境是如何困难的了。

上海孩子剧团流亡到武汉，老舍参加了在汉口举行的公演和义卖等活动，还请孩子剧团到福音堂来演唱《东北流亡曲》和《大刀进行曲》等抗战歌曲，并且照了相。济宁大会战，老舍以"张自忠打垮坂垣"为题材，给一位河南艺人编成地方戏词，在当时的中央广播电台向战地播送，收到良好效果。

老舍在武汉这段时间精神振奋，每日鸡鸣即起，和同志们一起大唱抗战歌曲，为宣传抗日而勤奋地写作。

文协在重庆的斗争片段

1939年，文协迁到重庆。《抗到底》继续出刊。老舍开始写剧本。1939年下半年，"战地慰劳团"访问延安及解放区，老舍代表文协参加。9月15日，延安《新中华报》刊载了全国慰劳总会北路慰劳团到达延安的消息，上面有毛主席致欢迎词。同年12月9日，慰劳团回到重庆，文协在重庆青年会举行招待会，招待从战地归来的作家，听取参加访问团的作家报告途中观感。到会者有郭沫若、邵力子等。老舍的观感大意是：西北地广人稀，许多财富亟待开发。各种干部尤感缺乏，希望后方大量供给。在文艺活动方面亦极贫乏，但一般将士都自觉需要读书，而且都能接受，但望文化工作者设法解决西北文化恐慌问题。以上观感在重庆《新华日报》上刊登后，接着《新华日报》又发表了题为《积极加强战地文化工作》的社论（见1939年12月26日重庆《新华日报》）。

老舍访问延安回来后，在陈家桥完成了他的长诗《剑北篇》。与此同时，他写的剧本《残雾》《面子问题》（与赵清阁合著）、《国家至上》（与宋之的合著）、《大地龙蛇》《张自忠》《归去来兮》等先后脱稿发行。《残雾》和《国家至上》等剧在重庆上演，马彦祥、应云卫等导演，参加演出的文艺工作者有魏鹤龄、白杨、张瑞芳等，由于写作水平和演出水平都相当高，当时是轰动山城的。《残雾》一剧揭露和讽刺国民党贪污腐化，引起蒋介石的仇视，老舍也受到国民党《中央日报》的攻击，一些进步作家则积极支持他，一时论战激烈。

在周总理的关怀鼓舞下，当时的文艺界出现了生动活泼、团结抗战的新局面。老舍负责文协工作期间，关心文化界人士生活，有时尽自己的力量帮助文化界人士解决生活上的困难，有时吁请社会贤达和民主人士帮助。他曾请冯玉祥从募款中提出200万元帮助文艺界生活困难的人。郭老建议从这笔款子中提出50万元办个刊物，一面宣传抗战，一面维持文艺界人士的生活。后来决定每人帮助二万元，直接送到生活困难的文艺工作者手中，经手的有王冶秋、冯纪法同志等。当时有一些文化界人士或有关人士被捕，也是在周总理的亲切关怀下，通过老舍等的奔走，冯玉祥从中斡旋，营救出来的。如孟克从北方回籍治病，经过重庆，在从文协到重庆机场上飞机时被蒋特逮捕；骆宾基在酆都教书，因批阅一个高中学生的卷子是唯心论被捕，都是由老舍请冯玉祥设法营救出来的。骆宾基回到重庆后，冯玉祥请他在两路口巴县中学楼上吃饭以示慰问，在座的还有郭老、以群等人。

皖南事变后，重庆文化界举行纪念鲁迅的活动，先是在百龄餐厅开会未成，后改露天集会，周总理也参加了。国民党警察干涉，并且要抓人，老舍挺身而出，说："要抓人吗？抓我，我是头。"后来发生臭名昭著的大砸沧白堂事件、教场口事件等。特别是教场口事件，郭老的头被打肿，眼镜被打碎，李公朴的头部受重伤，李德全的腿几乎被打断，劳动协会一工友几乎被打死，陶行知、沈钧儒也几乎被打。事后蒋介石造谣说是陶行知的育才学校学生打的，后来报纸登出真相，是蒋介石的特务刘野樵雇打手打的。

抗战初期在武汉

杨昌江

1937年"七七"事变时，老舍先生在济南齐鲁大学教书。后因战事紧张，校里的教员和学生都陆续疏散走了，老舍先生抱着"一个教书人最珍贵的东西是他的一点气节，我不能等待敌人到来，把我那点珍宝夺了去"的心情，也赶紧出走。11月18日夜，他离别妻子和儿女，自己提着一个小箱，好不容易挤进了人满为患的火车，流亡到当时成为抗战中心的武汉。到1938年7月30日，老舍先生在武汉生活了8个月。

主办"文协"和《抗战文艺》的工作

当时集中在武汉的文艺界人士人数不少，国民党很想罗致这些人为自己所用，但文艺界的人不上这个当，国民党无法把这些人组织起来。共产党驻武汉的代表，认为应该在抗日民族统一战线中组织一个包括各方面力量的文艺团体，但这个团体的领导权不能落入国民党手中，他向文艺界推荐老舍先生来主持这个团体的日常工作。因为老舍先生不是共产党员，国民党方面能接受，共产党和左翼进步文艺工作者对老舍先生也是信赖的。老舍先生说"我不是好事喜动的人，可是大家既约我参加，我也不辞谢"，于是，他就参加了这个团体的筹建工作。

这个团体便是1938年3月27日在汉口成立的"中华全国文艺界抗敌协会"，简称"文协"。"文协"是整个抗战时期文艺界最大的统一战线组织，推举郭沫若、茅盾、夏衍、田汉、巴金、郁达夫、朱自清、冯玉祥、邵力子、胡秋原、张道藩等45人为理事。周恩来、孙科、陈立夫等为名誉理事。为了让这个组织显出民主精神，"文协"没有会长和理事长，只规定了常务理事分担各部的主任，老舍先生是总务部主任，事实上，就是对外的代表，和理事长性质差不多，主持全协会的日常工作。

成立大会是3月27日上午在汉口商会召开的。中午在汉口普海春餐馆聚餐，饭后即在普海春继续开会，气氛很热烈。忽然日寇的飞机20多架来空袭。警报器响了，高射炮也响了，但大家都没有动，照旧开会。解除警报时，正在选举。5点多钟散会，可是老舍先生和其他被推为检票、监票的人还继续工作，一直干到深夜。

"文协"成立以后，有很多活动都要老舍先生出面张罗，如在冯玉祥家开"文协"理事会，安排郁达夫等人代表"文协"到台儿庄前线劳军，与其他"文协"作家联名发表了《给周作人的一封信》，出席对外国作家阿特丽女士的欢迎会等等。他的事情很忙，但工作很主动。有一次"文协"举办欢迎四位外国女作家（美国的斯特朗、史沫特莱，英国的厄特莱，日本的绿川英子）的招待会，会上原由叶君健担任各种语言的翻译，后来老舍先生看出叶君健精力有些不济，主动要求把英语让他来译。他的英语译得漂亮极了，因为他曾在伦敦的大学里教过汉语。

"文协"的一个主要任务是编印机关刊物《抗战文艺》。这是全国唯一的一份贯穿抗战始终的文艺刊物，从1938年5月4日到1946年5月在重庆终刊，共出了71期，全是由老舍先生负责。其中从第1期到第16期是在武汉出的。起初是3日刊，工作太紧促，于是出了5期就改为周刊。老舍先生和楼适夷、姚蓬子、孔罗荪、蒋锡金几位为办刊物通力合作，昼夜奔波，组稿、看稿、编稿、校稿，印出来之后发行，还要结算账目。许多杂务都是老舍先生自己干，但干得井井有条，一点也不杂乱，往往那几位年轻同志想到还有什么事要干时，他早已干好了。有的稿子已经编定了但未送来，他就亲自跑路去取来，勤勤恳恳。因为这是国共合作统一战线的文艺团体办的刊物，左中右各方面的人送来的稿子都要妥善处理，既要达到宣传抗战的目的，又要避免彼此的口角或恶意的批评，还要保持相当高的文艺水准，这样主持人老舍先生的工作是十分艰难的，但在武汉编的16期从来没有脱过期。

"文协"和抗战文艺在汉口同一地方办公，老舍先生住在武昌千家街，故经常从武昌坐小划子过江到汉口去。小划子过江是很费事的，遇到有风浪或下雾的时候，过江就更作难了。最难的还是筹集"文协"的经费。国民党中宣部本是答应每月给"文协"办公费的，但这只是一句空话，他们看出"文协"是他们拉不拢的，就不想给钱。老舍先生经常去中宣部坐索，还是要不到，他只好自己掏腰包，四处奔走，找冯玉祥、邵力子等爱国人士借，说"文协"的经费若能发下来就还，发不下来就不还。每次借50元，老舍先生把账记得清清楚楚，还时常拿出来给别人看。

致力于通俗文艺创作

在忙着"文协"的工作和办《抗战文艺》的同时，老舍先生与许多过去相识或不相识的同道都成了朋友。召开了各种座谈会和联谊会，那真是快活的日子。在这样的会议上，他和大家谈得最多的问题就是如何使文艺"下乡"与"入伍"，有效地向农民和士兵宣传抗战。比如说，1938年元旦，在冯玉祥将军的提倡下，老舍先生和何容、老向在武昌创办了当时很有影响的通俗文艺半月刊《抗到底》，以普通老百姓与士兵为读者对象；5月上旬，老舍先生出面邀约田汉、冯乃超、老向等19人举行了一次"怎样编制士兵通俗读物"的座谈会；5月15日，《抗到底》社与其他刊物在武昌青年会召开"通俗文艺座谈会"，会上讨论拟成立一个"经常研究通俗化问题"的组织等。

老舍先生说："在抗日战争以前，无论怎样，我绝对想不到我会去写鼓词与小调什么的。抗战改变了一切，我的生活与我的文章也都随着战斗的急潮而不能不变动了。"（《我怎样写通俗文艺》）他又说："在战争中，大炮有用，刺刀也有用；同样的，在抗战中写小说戏剧有用，写鼓词小曲也有用。我的笔必须是炮，也须是刺刀……我不因写了鼓词与小曲而觉得有失身份。"（《八方风雨·写鼓词》）

正是在如此热烈的爱国激情鼓动下，老舍先生在武汉的8个多月时间里，就写了十篇鼓词、六出旧戏、一个旧型通俗小说和好几个小曲、快板。还在济南时，老舍先生就想到要学习用民间文艺形式作抗战宣传，曾随宣传抗战的青年们去看鼓书艺人表演，讨论鼓书的写法。到汉口后他又遇见鼓书艺人富少舫先生（艺名山药蛋）、董连枝女士和她丈夫郑先生。这三位都能读书写字，爱国心也比一般的艺人强烈，他们的眼睛也不全看着生意，只要有人提供给他们宣传抗战的新词儿，他们就肯下功夫去琢磨腔调，去背诵，去演唱，所以老舍先生在向他们虚心学习鼓书声韵唱腔等艺术形式的同时，为他们创作了宣传抗战的鼓词《王小赶驴》《新"拴娃娃"》等作品，由他们及时到民间去演唱。《王小赶驴》是老舍先生本人比较满意的一篇，说的是一位名叫王小的青年仇恨日寇暴行，毅然辞别寡母，牵驴投军，他在一次执行侦察任务途中，被日寇擒捉之前，鞭抽黑驴回营报信，引来抗日队伍，全歼敌人，而王小和黑驴却壮烈牺牲的故事。唱词情节完整，细节生动，语言通俗，爱憎分明。

这时冯玉祥将军在武昌约请赵望云等几位画家，绘制了一些大幅抗战宣传画，放到闹市让民众观看，需要一些顺口押韵的解说词来配那些画，于是老舍先生就仿照"看了一篇又一篇、十冬腊月好冷天"的套子，写了《二期抗战得胜图》《西洋景词画》等小曲和《女儿经》《忠孝全》等快板。

在冯玉祥将军家，来了三位避难的乡间集市上唱河南坠子的艺人，老舍先生向他们领教了河南坠子的句法，就写了一大段抗战的故事，3000多句，交给他们，他们把这3000多句长的韵文背熟了，并且上了弦板，在武汉战事危急的时候，返回河南故乡去了。老舍先生推测，说不定这三位艺人真把他写的唱词在民间演唱过了，可惜这部稿子老舍先生散失了。

后来，到了重庆，老舍先生将这些在武汉用"旧瓶装新酒"的办法写成的通俗文艺作品，选出了三篇鼓词（《王小赶驴》《张忠定计》《打小日本》）、四出"二簧戏"（《新刺虎》《忠烈图》《王家镇》《薛二娘》）、一篇旧型通俗小说（《兄妹从军》），汇印成册，共六万字，取名为《三四一》。这本书在重庆三个月内竟连出五版，足见很受欢迎。

老舍先生是穷苦人家出身，从小在北京大杂院里长大。在武昌时，他的个人收入只是五元、10元的零星稿费，吃的是大锅饭，穿的是从济南随身带来的几件旧衣服。他在国外生活过那么多年，但身上没有洋气，倒像乡下出来的三家村学究。他自己只抽廉价烟，但有朋友来，就到武昌街头找熟悉的小饭馆吃小吃，一面吃一面聊天，最后由他掏腰包。

那时候经常有空袭，遇到夜间的空袭，老舍先生和别人必定"登高一望"。看到敌机被打伤，曳着黑烟逃窜，或被击落的情景，老舍先生感到兴奋，痛快！

到了7月份，武汉局势紧张，空袭也更凶了。邵力子先生劝老舍先生和别的文艺界朋友快离开武汉，理由是："到了最紧急的时候，你们恐怕弄不到船位，想走也走不脱了！"于是，7月30日，老舍先生、何容、老向与肖伯青（"文协"的干事），便带着"文协"的印鉴与零碎东西，辞别武汉，到重庆去筹办"文协"和《抗战文艺》了。

在北碚

李萱华

文笔报国

1934年夏天，老舍来到北碚，决定写一部小说，名叫《火葬》，这是他以抗战为题材的第一部长篇小说。

老舍来北碚，住在中华全国文艺界抗敌协会北碚分会，地址在蔡锷路44号，即今天生新村63号附16号，他每天早起打太极拳，上午写作，写一阵就自己拿扑克牌玩一阵，休息休息，然后又写。中午睡一小时午觉，过午即不再写作，或读书、或看朋友，参加一些社会活动，生活很有规律。北碚的夏天很炎热，他便早晨五时起床，写到八时即止，每天写千多字。原计划写中篇，但写到五六万字，仍然收不住笔，遂改作长篇。到9月底，已有八万多字，打算10月中旬完稿回渝。

谁知，由于长期吃平价米，米中稗子、石沙很多，加上空袭频繁，每每刚端起碗警报就响了，只好很快吞咽一碗饭或粥，顾不得细细挑拣，终于得了盲肠炎。10月4日入江苏医学院附属医院割治盲肠，20日出院，仍须卧床静养。11月中旬，老舍夫人胡絜青带着三个子女，由北平逃来北碚。从此，这个被战争分离了六年的家庭，重新在北碚团聚了，住在文协分会楼上。

11月23日，老舍带病继续补写《火葬》。决心以文笔报国，他要用《火葬》动员人们关心战争，并用《火葬》告诉人们，"在战争中敷衍与怯懦怎么恰好是自取灭亡"。一天写三五百字或七八百字，尽力而为，从不松懈。12月11日完稿，全书共11万字。老舍在该书序言中说："这不是文艺创作，而是由夹棍夹出来的血！"

西装与画

老舍在北碚定居后，生活更加困难。胡絜青虽然在国立编译馆找了个小事，每月只有一石平价米，一家五口，还有人情客往。老舍写作，稿费收入很低，有所谓"换他两斤肉，写上三千字"。特别是老舍，一直病魔缠身，盲肠伤口刚愈，又患腹病，痢疾未好，又是贫血，又打摆子，贫病交加，生活难以维持。戒了酒，也戒了烟，还是不济于事。可是，国民党反动派，眼看"引诱"他，他不上钩，"威胁"他，他不害怕，就采用造谣中伤，四处散布，说胡絜青由北平带来两大箱几百幅齐白石的画。因那时白石老人的画，在重庆很值钱。其意是说这下老舍可发了财了，光卖画就够吃一辈子了。谣言像长了翅膀，到处乱飞。确实胡絜青带来了两幅白石老人的画，就是挂在老舍住房东墙上的两个小条幅，磁青色绫子镶边，裱工很精致，一条是几只小鸡雏，一条是几只大虾，画得当然不错，除此以外，别无他件。

就在这谣言甚嚣尘上的时候，一天老舍家里来了一些客人，眼看该吃饭了，家无酒食，身边无钱，但还是要招待客人。老舍无法，只得找出一套旧西装，从后门出去，悄悄拿到北碚街上卖了，买了点酒菜。在回家的路上，遇到一个卖猫头鹰的，又用剩下的钱将它买了回来，惹得满屋哄堂大笑，后来被传为佳话。但客人们哪里知道，这是用衣服换来的。

文章入冠

1944年，老舍的创作生活刚满20年。在这20年中，老舍创作的作品有200万字以上。共有长篇小说八部，短篇小说五集，剧本八个，其他作品集五个。其实这个数字并不准确，他除了创作小说、戏剧、长诗，有书为证外，至于写的散文、鼓词、旧诗，并不留稿，写好送报刊杂志登出来就算完事了，发表之后也不将报刊剪存。所以，他自己只能说出他写过哪些本书，说不出他写了多少文章。

为了祝贺老舍创作20周年，重庆文艺界于4月17日，在百龄餐厅举行茶话会，到会同志每人出100元，招待老舍先生。茶会由邵力子主持，郭沫若、黄炎培、梅贻琦、邓初民、程中行、顾毓琇、沈雁冰、沈钧儒等，相继在会上致辞祝贺。嗣后文协北碚分会，也为老舍开了个创作20周年的纪念会，到会的人凑份子买点心、买糖，就是不让老舍出钱。会上有陈子展、周谷城、张孟闻等人讲话祝贺。《新华日报》和《抗战文艺》还组织了专门祝贺文章。茅盾发表了《光辉工作二十年的老舍先生》，胡风发表了《祝老舍先生创作二十年》。《新华日报》以《作家的创作生命》为题，发表短评，祝贺老舍先生创作二十周年。短评说："一个作家能够长期坚持他的工作，不因利诱而改行，不因畏难而搁笔，始终为着发扬与追求真理正义而努力，在任何情况下总要尽可能说出自己要说的话，……这样的作家是应该获得全社会的尊重的。老舍先生正是这样的一个作家。他的创作二十年纪念是值得我们来祝贺的。"郭沫若为祝贺老舍先生创作生活20年，吟诗一首《文章入冠》：

> 二十年文章入冠，
>
> 我们献给你一项月桂之冠。
>
> 枪杆子的战争行将结束，
>
> 扫除法西斯细菌须赖笔杆，
>
> 敬祝你努力加餐，净化人寰。

老舍在答谢大家的厚意时说："今日承诸好友集会纪念，愧不敢当。二十年从事创作，虽历尽艰苦，得来不容易。但是，拉洋车做小工二十年的人，也历尽艰苦，得来也不易。本人生病近半年，最近才好，藉此机会大家见见面，谈谈天，反觉有意义。今天诸友的厚爱，我敬谨接受，并深致谢意，此后必定用笔写下去，写下去。"

《四世同堂》

1944年，当日寇进占贵州独山和都匀的时候，重庆震动大，许多人准备再逃难。老舍是无处可逃的。文协分会肖伯青问他："你打算怎么办？"老舍说："我已下定决心，如果日寇从南边打来，我就向北边走，那里有嘉陵江，滔滔江水便是我的归宿！我决不落在日寇手里，宁死不屈！"他仍然呕心沥血写自己的新作。

原来，去冬胡絜青来北碚后，许多新老朋友，纷纷前来看望。尤其是一些家在北平，或者有亲友在北平的朋友，迫不及待地来打听各种情况。当胡絜青一次又一次地叙述日本侵略者对沦陷区人民，特别是对北平人民的奴役和蹂躏的时候，老舍总是坐在一旁，静静地听着，思考着。就这样，在他心目中的旧北京，又增添了沦陷后的创伤和惨状。于是，以沦陷了的北平为题，他构思了一部长篇小说《四世同堂》，共分三部，计100万字。于元月开始动笔，计划两年写完。1944年写了30万字，完成了第一部，11月起开始在报上连载。1945年又写了30多万字，完成了第二部，两部共约67万字。第一部于1946年1月由良友公司在上海出版，书名为《四世同堂》。以后改为晨光公司出版，第一部改名《惶惑》，第二部取名《偷生》，连同当时还没有写的第三部《饥荒》，全书总名仍为《四世同堂》。

《四世同堂》写的是沦陷了的北平，小说中的主人公是整整一条胡同的居民。它涉及十七八个家庭和130个人物。其中有名有姓的就有60多人，他们中有教授、老诗人、中学教员、拉车的、唱戏的、剃头的、看坟的、"摆台"的、"打鼓儿"的、"窝脖儿"的、棚匠兼耍狮子的、老寡妇、开布店的、巡警、税局长、英国外交官员、流氓、妓女、汉奸、特务等等。通过这些人的故事，描写了北平人民的爱国激情和崇高的民族气节，揭露了日本侵略者及其走狗的凶残、虚弱和无耻。

《四世同堂》是老舍"从事抗战文艺的一个较大的纪念品"。

黄金魔影

1945年重庆发生了一件有名的黄金案。重庆中央银行有个黄金储蓄办法，就是你交给银行多少法币，半年后可凭据领取黄金一两。有次，当局内定黄金储蓄增值，决定在第三天执行。可是，当晚内定机密被泄露，第二天五更时银行门前已排成了长队，办理黄金储蓄。这一天大小储户，共储蓄黄金若干万两，引起轩然大波，议论纷纷。就在这次事件中，报纸公布大储户名单内，居然有"舒舍予"这个名字，储蓄数目是"黄金一百五十两"。于是，在重庆到处都传开了，都说作家老舍有这么多黄金，真猜不透，他平常衣着朴素，还会有这么多钱，不仅口耳相传，报上也有文章，张恨水在《大公报》上发表文章说："不管怎么说，老舍这一次为穷作家吐了口气。"等等。可见，都把这当成了真事。4月20日《新华日报》以"黄金案中的舒舍予与老舍先生无关"为题辟谣："关于黄金案昨日各报所披露的大户名单中，有舒舍予买黄金一百五十两，据文协负责人此事与名作家舒舍予老舍无关。老舍先生仍然在乡下过着贫作家的生活，靠着卖心血及衣服杂物维持全家衣食，与黄金案中舒舍予其人，毫无关联之处。"老舍对这谣言也一笑置之，他说："在重庆名叫舒舍予的人，就有六个之多，怎知舒舍予就是我？"

老舍不仅多次遭到造谣诽谤，国民党文化头子张道藩说："老舍叫共产党包围了。"长期派有特务对老舍暗中监视，随时都有被特务抓去的危险。有一天，老舍在街上，发现有人老跟在后面不放，老舍走着走着突然折回身，一本正经地对那个特务说："老兄，你每月拿几块钱？我替你写我的报告好不好？"那特务遭到这突如其来的反问，被刺得火辣辣的，不知所措，只好狼狈而去。《新华日报》的报童，给老舍送报纸，都是到了晚上从门缝中塞进屋去，怕被特务盯着，给老舍带来麻烦。老舍外出，家里不放心，只好叫还不满十岁的儿子——舒乙，远远跟在后面，以便发生问题时，有人报信。

1945年11月13日晚，复旦大学三十多个团体集会，纪念孙中山八十诞辰，老舍在会上慷慨激昂地呼吁，要大家联合起来，用口用笔，用一切可能的方法，来制止内战，争取和平！他在谈到文化工作者的苦境时，沉痛地说："我是中国人，我爱中国，我不属于任何党派，我没有当汉奸，我八年来的言论作品没有一篇不是为了抗战，而我后面却一直跟着一个黑影。"

胜利乡思

老舍在八年抗战中，用那支永远发光的笔，不知疲倦地和敌人战斗。从1938年初发起、组织和领导了"中华全国文艺界抗敌协会"，在极端困难极端复杂的情况下，坚定地领导了全国文艺作家，为抗战，为团结，为人民大众的利益，为民主，为反法西斯，都起了很大的作用。然而，抗战胜利了，老舍还是一个平平凡凡的老舍，连复员的条件都不具备。一无官方照顾，二无钱去买黑票。八年流浪，到处为家，胜利思乡，毫无办法，只好写了一首《乡思》以抒发思乡之情。

——1946年2月5日华盛顿宣布："美国务院宣布，中国两驰名作家已应国务院之请，来美一年。《骆驼祥子》作者老舍，将于初春来美，继续研究写作。万家宝（曹禺）将于3月来美，他除考查美国戏剧及电影事业外，将在美讲学。"2月8日晚，张治中举行联欢晚会"庆祝政治协商会议成功"，会上宣布主要是欢送老舍和曹禺赴美讲学，并首先邀请老舍在大会上讲话。老舍深有感触地说："这次能够有机会去美国，应该感谢五四以来的新文艺运动。在抗战八年中文艺界的努力，未被政府与社会重视，今天政治协商会议成功，中国已现光明，今后国家建设，文化建设应该与其他建设同样重视，不要再让作家们因贫困而死去。"同时，他又以无党派人士身份，向各政党要求尊重人民爱国的忠诚。最后，他希望将来回国时，在中国自己想要写什么就能写什么，不管在南京或延安，都能自由发表。

1946年3月5日中午，老舍和曹禺，在上海乘美轮"史葛将军号"，离沪驶美。

老舍的多鼠斋

李萱华

老舍旧居，原是林语堂在北碚的住宅。

1940年6月，林语堂回国后，来北碚定居，购得杨家这幢别墅，门牌为北碚蔡锷路24号。谁知刚住两月，又奉命出国。临行前，林语堂将此房捐赠给抗敌文协做办公处，从此，这个24号就与老舍结下了不解之缘。他每年都要多次小住这里，编写剧本，创作小说，撰写文章，主持文协活动。1943年胡絜青带着子女从北平来到北碚，老舍便定居在这个24号内。

老舍自济南逃出便无固定收入，单以写作为生，而稿酬之低，三千字才能换回两斤肉，经常是数月不知肉味。因此，长期患头昏、腹痛、痢疾、贫血、打摆子……尤其正当割盲肠未愈，家属和子女到来，在欢庆团聚之余，骤增5口，生活难以招架，全靠朋友周济度日的情况下，一些好事之徒，造谣说老舍发了，胡絜青从北平带来一大箱几百幅齐白石的画。老舍听了哭笑不得，端着一碗由冯玉祥所送之米煮成的饭，边吃边写，一挥而就，写成了《假如我有一箱子画》，落款"三三（1944）年一月七日北碚之头昏斋"，这"头昏斋"是老舍定居北碚后，为蔡锷路24号取的第一个名字。

大概是这个"头昏斋"还不太令人中意吧，不久就改成了"多鼠斋"，

"多鼠斋"有多少老鼠？谁也说不清，按老舍的说法："'多鼠斋'的老鼠并不见得比别家的更多，不过也不比别处的少就是了。前些天，柳条包内，棉袍之上，毛衣之下，又生了一窝。"林语堂搬来时，是刚建的新房，新主人一住进，新的客人——老鼠便源源而来，先是取道壁炉，林语堂把壁炉堵住了，这些不速之客便毫不客气地或翻窗户而入，或越门槛而进。一天晚上，在林语堂的女公子房间里，刚上床的女儿，忽听得帐顶有响动，以为是小偷，吓得不敢看，后来跳声在屋里四处乱动，才知是老鼠。它们三五成群，在椅子、桌子上乱跑乱跳。老鼠掀开了装棋子的缸盖，搬动着缸里的棋子。一个个的棋子从椅子上滚落到地上，然后又在房里滚动……折腾了一整夜。第二天早晨发觉不见了11只棋子，害得他们一个多月没下棋。直到7月31日，日本飞机轰炸北碚，林语堂住房被炸，屋顶垮塌，棋子才从房上落下，不多不少恰好11个。老舍的手稿、纸牌……也经常不翼而飞。偶尔在柳条包内，在床下屋角处找回点被嚼烂的碎片，多数则无影无踪。于是，他花了260元买回一只小猫，先倒还高兴，但回到家里一看，糟了，这样的小猫，在房中的大老鼠，一天可咬下两只。赶忙才用麻绳将猫拴着，怕它不留神碰上老鼠。

"多鼠斋"有四间一厅，进门右边住的是作家老向，左后边住的是文协干事肖伯青，楼下小间住着丘八作家肖亦五。老舍一家七口，两夫妇四个子女和一位大娘，住正厅和正左居室。所以，"多鼠斋"，鼠多人也多，而老舍在此创作的作品更多。剧本有《张自忠》《面子问题》《谁先到了重庆》《桃李春风》《王老虎》等；长篇小说有《火葬》《四世同堂》（第一部《惶惑》、第二部《偷生》）、《民主世界》；回忆录《八方风雨》，以及散文、杂文、诗词、曲艺等各种作品数百篇，近两百万字。然而，像这样高产的大作家，居然经济拮据，生活无着。固定收入，只有胡絜青在国立编译馆做编审，每月薪俸一石平价米。老舍的稿酬只能够吃小菜。招待客人就卖衣服，来一次客卖一件，从济南带出的衣箱，早已空空如也。老舍平时爱端上一杯，买了酒一家人还吃不吃菜？只有戒了；烟，可以说是老舍的命，烟龄已有四分之一世纪，不吸烟就写不出文章。他曾声明："先上吊，后戒烟！"可如今连最孬的"长刀"牌也要百元一包，而且还在以每天涨十元的速度上升。老舍火了，摁灭最后一个"华丽"牌烟头，宣布："去吧！魔鬼！咱老子的一百元就是不再买又霉、又臭、又硬、又伤天害理的纸烟！"烟酒失缘，茶可总少不了，但30元一两的香片，不香且咸，60元一两的香片，不咸也不香。60元一两啊！谁知明天又会上涨几倍？茶也得戒！老舍戒烟、戒酒、戒茶，除此，还有什么可戒呢？"戒荤吗？根本用不着戒，与鱼不见面已整整两年，而猪羊肉近来也颇疏远。"

关于在"多鼠斋"的这段生活，1944年秋冬之间，老舍连续撰写了12篇《多鼠斋杂谈》，从9月1日至12月24日，陆续发表在《新民报晚刊》"西方夜谈"上，写得那么淋漓尽致，脍炙人口，一读便会把你带进那个"多鼠斋"。

说相声

隆 准

清贫的生活和病痛的折磨，并没有改变老舍先生幽默的天性和创作的热情。

最搞笑的是老舍说相声。有次"抗敌文协"开联谊会，不知谁叫一声"老舍来段相声"，这可是突然袭击，没准备呵！但他是文协的头头，不登台不行。老舍在场中左看右看，盯准了天津来的相声演员欧少久。两人走上台，说什么呢？

老舍略一思忖说：反正相声就是一捧一逗，你随便出上句，我接下句。

开场了，简单的铺垫后进入"正活"。欧（少久）：咱俩来个对春联。我的上联是：坐着走。舍（老舍）：坐着怎么走哇？欧：你老舍先生来我们这儿做客，临走时，我给你雇辆车，你坐着走。舍：哦，这叫坐着走。好，我对下联：起来睡。欧：起来怎么睡呀？舍：那天我深夜回家，家里人等我不及，先和衣睡了。我唤他们说，我回来了，起来吧，起来睡。

老舍这一临时对出的下联，不但显示了他的才华，而且抖响了"包袱"。那年月，创作相声是老舍的一种抗敌武器，《骂汪精卫》《新洪羊洞》等段子在陪都脍炙人口，成为抗战相声。至于老舍亲自登台，并不多见。一次他同梁实秋合演，两位文豪说相声，不但成为文坛趣事，也成为小城北碚深感自豪的一段佳话。

时间：1940年。地点：北碚儿童福利试验区大礼堂。演出的名目：募款劳军晚会。搞笑点：老舍拿折扇敲梁实秋脑袋。本来嘛，说相声拿折扇打头是老规矩，虚晃一下就行了，哪知老舍太投入，忘乎所以，竟真将扇打过去，梁实秋一躲，扇头正巧打落眼镜，幸好伸手接住。分明是忙中出错，但在观众眼中，认为经过精心排练，表演异样精彩，满场高呼"再来一回"。这能再来么？老舍冲梁实秋诡谲一笑，这一笑，老舍式的幽默，被永远定格在重庆人的记忆中。

趣事三则

符 号

一字师

抗日战争期间，李石锋随老舍参加文艺界为冯玉祥先生六十大庆活动，李即席作七律一首为冯祝寿：

> 甲子重开不老翁，将军塞上扫倭风。悲戈起自亲人怨，叹剑无由贯日穷。千章草木青犹在，万里山河不尽同。铁板铜琶歌易水，大家共唱满江红。

诗中的"歌易水"，原为"歌易也"，是老舍为他改定的，所以李石锋称老舍为"一字师"。

两个小黑点的签名

1941年春，李石锋随郭沫若、柳倩应苏联大使馆邀请去枇杷山参加苏联国庆节招待会，在签名处写下了自己的姓名，郭沫若一面签名一面笑道："看，此公签名大有意趣。"于是人们向他指的地方望去，是两个小黑点，细看却是"老舍"二字。这幅方桌大的签名纸上，两个小黑点并引不起人们的注意，郭老所说意趣，即在此乎？

杂文，匕首呀

一次，老舍在重庆白象街一家小酒馆里，同几位文学青年边唱边喝酒边谈。他谈到写"鼓词"，要自然地运用民间语言不容易，谈到他对杂文的看法。他说："第一不要想当官；第二用四川话说准备'跑乱摊'；第三要不怕困难。"说到这里，老舍腰杆一伸，颈子一直，似笑非笑地端起酒杯，接着，"杂文……匕首呀！"咕的一声就干了一大杯。

附：

八方风雨

老 舍

前 奏

虽然用了个颇像小说或剧本的名字的标题——八方风雨——这却不是小说，也不是剧本，而是在八年抗战中，我的生活的简单纪实。它不是日记，因为我的日记已有一部分被敌人的炸弹烧毁在重庆，无法照抄下来，而且，即使它还全部在我手中，它是那么简单无趣，也不值得印出来。所以，凭着记忆与还保存着的几页日记，我想大概的，简单扼要的，把八年的生活有话即长，无话即短的写下来。我希望它既能给我自己留下一点生命旅程中的印迹，同时也教别离八载的亲友得到我一些消息，省得逐一的在口头或书面上报告。此外，别无什么伟大的企图。在抗战前，我是平凡的人，抗战后，仍然是个平凡的人。那也就可见，我并没有乘着能够浑水摸鱼的时候，发点财，或作了官；不，我不单没有摸到鱼，连小虾也未曾捞住一个。那么，腾达显贵与金玉满堂假若是"伟大"的小注儿，我这里所记录的未免就显着十分寒碜了。我必定要这么先声明一下，否则教亲友们看了伤心，倒怪不大好意思的。简言之，这是一个平凡人的平凡生活报告。假若有人喜欢读惊奇，浪漫，不平凡的故事，那我就应该另写一部传奇，而其中的主角也就一定不是我自己了。

所谓，"八方风雨"者，因此，并不是说我曾东讨西征，威风凛凛，也非私下港沪，或飞到缅甸，去弄些奇珍异宝，而后潜入后方，待价而沽。没有，这些事我都没有作过。我只有一支笔。这支笔是我的本钱，也是我的抗敌的武器。我不肯，也不应该，放弃了它，而去另找出路。于是，我由青岛跑到济南，由济南跑到武汉，而后跑到重庆。由重庆，我曾到洛阳，西安，兰州，青海，绥远去游荡，到川东川西和昆明大理去观光。到处，我老拿着我的笔。风把我的破帽子吹落在沙漠上，雨打湿了我的瘦小的铺盖卷儿；比风雨更厉害的是多少次敌人的炸弹落在我的附近，用沙土把我埋了半截。

这，是流亡，是酸苦，是贫寒，是兴奋，是抗敌，也就是"八方风雨"。

开始流亡

直到二十六年十一月中旬，我还没有离开济南。第一，我不知道上哪里去好：回老家北平吧，道路不通；而且北平已陷入敌手，我曾函劝诸友逃出来，我自己怎能去自投罗网呢？到上海去吧，沪上的友人又告诉我不要去，我只好"按兵不动"。第二，从泰安到徐州，火车时常遭受敌机的轰炸，而我的幼女才不满三个月，大的孩子也不过四岁，实在不便去冒险。第三，我独自逃亡吧，把家属留在济南，于心不忍；全家走吧，既麻烦又危险。这是最凄凉的日子。齐鲁大学的学生已都走完，教员也走了多一半。那么大的院子，只剩下我们几家人。每天，只要是晴天，必有警报：上午八点开始，到下午四五点钟才解除。院里静寂得可怕：卖青菜、卖果子的都已不再来，而一群群的失了主人的猫狗都跑来乞饭吃。

我着急，而毫无办法。战事的消息越来越坏，我怕城市会忽然的被敌人包围住，而就作了俘虏。死亡事小，假若我被他捉去而被逼着作汉奸，怎么办呢？这点恐惧，日夜在我心中盘旋。是的，我在济南，没有财产，没有银钱；敌人进来，我也许受不了多大的损失。但是，一个读书人最珍贵的东西是他的一点气节。我不能等待敌人进来，把我的那点珍宝劫夺了去。我必须赶紧出走。

几次我把一只小皮箱打点好，几次我又把它打开。看一看痴儿弱女，我实不忍独自逃走。这情形，在我到了武汉的时候，我还不能忘记，而且写出一首诗来：

> 弱女痴儿不解哀，牵衣问父去何来？
>
> 话因伤别滞应泪，血若停流定是灰。
>
> 已见乡关沦水火，更堪江海逐风雷。
>
> 徘徊未忍道珍重，暮雁声低切切催。

可是，我终于提起了小箱，走出了家门。那是十一月十五日的黄昏。在将要吃晚饭的时候，天上起了一道红闪，紧接着是一声震动天地的爆炸。三个红闪，燃炸了三声。这是——当时并没有人知道——我们的军队破坏黄河铁桥。铁桥距我的住处有十多里路，可是我的院中的树木都被震得叶如雨下。

立刻，全市的铺户都上了门，街上几乎断绝了行人。大家以为敌人已到了城外。我抚摸了两下孩子们的头，提起小箱极快的走出去。我不能再迟疑，不能不下狠心：稍一踟蹰，我就会放下箱子，不能迈步了。

同时，我也知道不一定能走，所以我的临别的末一句话是："到车站看看有车没有，没有车就马上回来！"在我的心里，我切盼有车，宁愿在中途被炸死，也不甘心坐待敌人捉去我。同时我也愿车已不通，好折回来跟家人共患难。这两个不同的盼望在我心中交战，使我反倒忘了苦痛。我已主张不了什么，走与不走全凭火车替我决定。

在路上，我找到一位朋友，请他陪我到车站去，假若我能走，好托他照应着家中。

车站上居然还卖票。路上很静，车站上却人山人海。挤到票房，我买了一张到徐州的车票。八点，车入了站，连车顶上已坐满了人。我有票，而上不去车。

生平不善争夺抢挤。不管是名、利、减价的货物，还是车位、船位，还有电影票，我都不会把别人推开而伸出自己的手去。看看车子看看手中的票，我对友人说："算了吧，明天再说吧！"

友人主张再等一等。等来等去，已经快十一点了，车子还不开，我也上不去。我又要回家。友人代我打定了主意："假若能走，你还是走了好！"他去敲了敲末一间车的窗。窗子打开，一个茶役问了声："干什么？"友人递过去两块钱，只说了一句话："一个人，一个小箱。"茶役点了头，先接过去箱子，然后拉我的肩。友人托了我一把，我钻入了车中，我的脚还没落稳，车里的人——都是士兵——便连喊："出去！出去！没有地方。"好容易立稳了脚，我说了声：我已买了票。大家看着我，也不怎么没再说什么。我告诉窗外的友人："请回吧！明天早晨请告诉家里一声，我已上了车！"友人向我招了招手。

没有地方坐，我把小箱竖立在一辆自行车的旁边，然后用脚，用身子，用客气，用全身的感觉，扩充我的地盘。最后，我蹲在小箱旁边。又待了一会儿，我由蹲而坐，坐在了地上，下颏恰好放在自行车的坐垫上——那个三角形的，皮的东西。我只能这么坐着，不能改换姿式，因为四面八方都挤满了东西与人，恰好把我镶嵌在那里。

车中有不少军火，我心里说："一有警报，才热闹！只要一个枪弹打进来，车里就会爆炸；我，箱子，自行车，全会飞到天上去。"

同时，我猜想着，三个小孩大概都已睡去，妻独自还没睡，等着我也许回去！这个猜想可是不很正确。后来得到家信，才知道两个大孩子都不肯睡，他们知道爸走了，一会儿一问妈：爸上哪儿去了呢？

夜里一点才开车，天亮到了泰安。我仍维持着原来的姿式坐着，看不见外边。我问了声："同志，外边是阴天，还是晴天？"回答是："阴天。"感谢上帝！北方的初冬轻易不阴天下雨，我赶的真巧！由泰安再开车，下起细雨来。

晚七点到了徐州。一天一夜没有吃什么，见着石头仿佛都愿意去啃两口。头一眼，我看见了个卖干饼子的，拿过来就是一口。我差点儿噎死。一边打着嗝儿，我一边去买郑州的票。我上了绿钢车，安闲的，漂亮的，停在那里，好像"战地之花"似的。

到郑州，我给家中与汉口朋友打了电报，而后歇了一夜。

到了汉口，我的朋友白君刚刚接到我的电报。他把我接到他的家中去。这是二十六年十一月十八日。从这一天起，我开始过流亡的生活。到今天——三十四年十二月四日——已整整八年了。

在武昌

离开家里，我手里拿了五十块钱。回想起来，那时候的五十元钱有多么大的用处呀！它使我由济南走到汉口，而还有余钱送给白太太一件衣料——白君新结的婚。

白君是我中学时代的同学。在武汉，还另有两位同学，朱君与蔡君。不久，我就看到了他们。蔡君还送给我一件大衣。住处有了，衣服有了，朋友有了，"我将干些什么呢？"这好决定。我既敢只拿着五十元钱出来，我就必是相信自己有挣饭吃的本领。我的资本就是我自己。只要我不偷懒，勤动着我的笔，我就有饭吃。

在汉口，我第一篇文章是给《大公报》写的。紧紧跟着，又有好几位朋友约我写稿。好啦，我的生活可以不成问题了。

倒是继续住在汉口呢？还是另到别处去呢？使我拿不定主意。二十一日，国府明令移都重庆。二十二日，苏州失守。武汉的人心极度不安。大家的不安，也自然的影响到我。我的行李简单，"货物"轻巧，而且喜欢多看些新的地方，所以我愿意再走。

我打电报给赵水澄兄，他回电欢迎我到长沙去。可是武汉的友人们都不愿我刚刚来到，就又离开他们；我是善交友的人，也就犹豫不决。

在武昌的华中大学，还有我一位好友，游泽丞教授。他不单不准我走，而且把自己的屋子与床铺都让给我，教我去住。他的寓所是在云架桥——多么美的地名！——地方安静，饭食也好，还有不少的书籍。以武昌与汉口相较，我本来就欢喜武昌，因为武昌像个静静的中国城市，而汉口是不中不西的乌烟瘴气的码头。云架桥呢，又是武昌最清静的所在，所以我决定搬了去。

游先生还另有打算。假若时局不太坏，学校还不至于停课，他很愿意约我在华中教几点钟书。

可是，我第一次到华中参观去，便遇上了空袭，这时候，武汉的防空设备都极简陋。汉口的巷子里多数架起木头，上堆沙包。一个轻量的炸弹也会把木架打垮，而沙包足以压死人。比这更简单的是往租界里跑。租界里连木架沙包也没有，可是大家猜测着日本人还不至于轰炸租界——这是心理的防空法。武昌呢，有些地方挖了地洞，里边用木头撑住，上覆沙袋，这和汉口的办法一样不安全。有的人呢，一有警报便往蛇山上跑，藏在树林里边。这，只须机枪一扫射，便要损失许多人。

华中更好了，什么也没有。我和朋友们便藏在图书馆的地窖里。摩仿，使日本人吃了大亏。假若日本人不必等德国的猛袭波兰与伦敦，就已想到一下子把军事或政治或工业的中心炸得一干二净，我与我的许多朋友或者早已都死在武汉了。可是，日本人那时候只派几架，至多不过二三十架飞机来。他们不猛袭，我们也就把空袭不放在心上。在地窖里，我们还觉得怪安全呢。

不久，何容、老向与望云诸兄也都来到武昌千家街福音堂。冯先生和朋友们都欢迎我们到千家街去。那里，地方也很清静，而且有个相当大的院子。何容与老向打算编个通俗的刊物；我去呢，也好帮他们一点忙。于是我就由云架桥搬到千家街，而慢慢忘了到长沙去的事。流亡中，本来是到处为家，有朋友的地方便可以小住；我就这么在武昌住下去。

略谈三镇

把个小一点的南京，和一个小一点的上海，搬拢在一处，放在江的两岸，便是武汉。武昌很静，而且容易认识——有那条像城的脊背似的蛇山，很难迷失了方向。汉口差不多和上海一样的嘈杂混乱，而没有上海的忙中有静，和上海的那点文化事业与气氛。它纯粹的是个商埠，在北平、济南、青岛住惯了，我连上海都不大喜欢，更不用说汉口了。

在今天想起来，汉口几乎没有给我留下任何印象。虽然武昌的黄鹤楼是那么奇丑的东西，虽然武昌也没有多少美丽的地方，可是我到底还没完全忘记了它。在蛇山的梅林外吃茶，在珞珈山下荡船，在华中大学的校园里散步，都使我感到舒适高兴。

特别值得留恋的是武昌的老天成酒店。这是老字号。掌柜与多数的伙计都是河北人。我们认了乡亲。每次路过那里，我都得到最亲热的招呼，而他们的驰名的二锅头与碧醇是永远管我喝够的。

汉阳虽然又小又脏，却有古迹：归元寺、鹦鹉洲、琴台、鲁肃墓，都在那里。这些古迹，除了归元寺还整齐，其他的都破烂不堪，使人看了伤心。

汉阳的兵工厂是有历史的。它给武汉三镇招来不少次的空袭，它自己也受了很多的炸弹。

武汉的天气也不令人喜爱。冬天很冷，有时候下很厚的雪。夏天极热，使人无处躲藏。武昌，因为空旷一些，还有时候来一阵风。汉口，整个的像个大火炉子。树木很少，屋子紧接着屋子，除了街道没有空地。毒花花的阳光射在光光的柏油路上，令人望而生畏。

越热，蚊子越多。在千家街的一间屋子里，我曾在傍晚的时候，守着一大扇玻璃窗。在窗上，我打碎了三本刊物，击落了几百架小飞机。

蜈蚣也很多，很可怕。在褥下，箱子下，枕下，我都洒了雄黄；虽然不准知道，这是否确能避除毒虫，可是有了这点设施，我到底能睡得安稳一些。有一天，一撕一个的小的邮卷，哼，里面跳出一条蜈蚣来！

提到饮食，武汉并没有什么特殊的东西。除了珍珠丸子一类的几种蒸菜而外，烹调的风格都近似江苏馆子的——什么菜都加点烩粉与糖，既不特别的好吃，也不太难吃。至于烧卖里面放糯米，真是与北方老粗故意为难了！

写鼓词

当我还在济南的时候，因时局的紧张，与宣传的重要，我已经想利用民间的文艺形式。我曾随着热心宣传抗战的青年们去看白云鹏与张小轩两先生，讨论鼓书的作法。

在汉口，我遇见了富少舫（山药蛋）先生，董莲枝女士，和她的丈夫郑先生。这三位，都能读书写字，他们的爱国心也自然比一般的艺员更丰富。他们的眼睛不完全看着生意。只要有人供给他们新词儿，他们就肯下工夫去琢磨腔调，去背诵，去演唱，即使因此而影响到生意（都市中有闲的人们，既不喜新词儿，又不喜接受宣传），他们也不管。他们以为能在生意之外，多尽些宣传的责任，是他们的光荣。和他们认识之后，我便开始写鼓词。

这时候，冯先生正请几位画家给画大张的抗战宣传画，以便放在街上，照着"拉大片"——一名西湖景——的办法，教民众们看。这需要一些韵语，去说明图画，我也就照着"看了一篇又一篇，十冬腊月好冷天"的套子，给每张作一首歌儿。

在战争中，大炮有用，刺刀也有用，同样的，在抗战中，写小说戏剧有用，写鼓词小曲也有用。我的笔须是炮，也须是刺刀。我不管什么是大手笔，什么是小手笔；只要是有实际的功用与效果的，我就肯去学习，去试作。我以为，在抗战中，我不仅应当是个作者，也应当是个最关心战争的国民；我是个国民，我就该尽力于抗敌；我不会放枪，好，让我用笔代替枪吧。既愿以笔代枪，那就写什么都好；我不应因写了鼓词与小曲而觉得有失身份。

在冯先生那里，还来了三位避难的唱河南坠子的。他们都是男人，都会拉会唱。他们都是在河南乡间的集市上唱书的，所以他们需要长的歌词，一段至少也得够唱半天的。我向他们领教了坠子的句法，就开始写一大段抗战的故事，一共写了三千多句。他们都是河南人，所以在他们的书词里有好多好多河南土语。他们的用韵也以乡音为准，譬如"叔"可以押"楼"，因为他们的"叔"读如北平的"熟"。我是北平人，只会用北平的俗语；于是，我虽力求通俗，可是有许多用语与词汇不是他们所能了解的。由这点经验，我晓得了通俗文艺若失去它的地方性，无论在言语上，还是在趣味上，它就必定也失去它的活跃与感动力。因此，我觉得民间的精神食粮，应当用一个地方的言语写下来，而后由各地方去翻译成各地方的土语；它的故事与趣味也照各地方的所需，酌量增减改动，才能保存它的文艺性。反之，若仅用死板的，没有生气的官话写出，则尽管各地方的人可以勉强听懂，也不会有多大的感动力量。

这三千多句长的一段韵文，可惜，已找不到了底稿。可是，我确知道那三位唱坠子的先生已把它背诵得飞熟，并且上了弦板。说不定，他们会真在民间去唱过呢——他们在武汉危急的时候，返回了故乡。

组织文协

文人们仿佛忽然集合到武汉。我天天可以遇到新的文友。我一向住在北方，又不爱到上海去，所以我认识的文艺界的朋友并不很多，戏剧界的名家，我简直一个也不熟识。现在，我有机会和他们见面了。

郭沫若、茅盾、胡风、冯乃超、艾芜、鲁彦、郁达夫，诸位先生，都遇到了。此外，还遇到戏剧界的阳翰笙、宋之的诸位先生，和好多位名导演与名艺员。

朋友们见面，不约而同的都想组织全国文艺界抗敌协会，以便团结到一处，共同努力于抗敌的文艺。我不是好事喜动的人，可是大家既约我参加，我也不便辞谢。于是，我就参加了筹备工作。

筹备得相当的快。到转过年三月二十七日成立大会便开成了。文人，在平日似乎有点吊儿郎当，赶到遇到要事正事，他们会干得很起劲，很紧张。文艺协会的筹备期间并没有一个钱，可是大家肯掏腰包，肯跑路，肯车马自备。就凭着这一点齐心努力的精神，大家把会开成，而且开得很体面。

这是，一点也不夸大，历史上少见的一件事。谁曾见过几百位写家坐在一处，没有一点成见与隔膜，而都想携起手来，立定了脚步，集中了力量，勇敢的，亲热的，一心一德的，成为笔的铁军呢？

大会是在商会里开的，连写家带来宾到了七八百人。主席是邵力子先生。这位老先生是文协首次大会的主席，也是后来历届年会的主席。上午在商会开会。中午在普海春聚餐；饭后即在普海春继续开会，讨论会章并选举理事。真热闹，也真热烈。有的人登在凳子上宣传大会的宣言，有的人朗读致外国作家的英文与法文信。可是警报器响了，空袭！谁也没有动，还照旧的开会。普海春不在租界，我们不管。一个炸弹就可以打死大一半的中国作家，我们不管。

紧急警报！我们还是不动。高射炮响了。听到了敌机的声音。我们还继续开会。投弹了。二十七架敌机，炸汉阳。

解除警报，我们正在选举。五点多钟散会，可是被推为检票——我也是一个——及监票的，还须继续工作。我们一直干到深夜。选举的结果，正是大家所期望的——不分党派，不管对文艺的主张如何，而只管团结与抗战。就我所记得的，邵力子、郭沫若、茅盾、胡风、冯乃超、郁达夫、姚蓬子、楼适夷、王平陵、陈西滢、张恨水、老向，诸位先生都当选。只就这几位说，就可以看出他们代表的方面有多么广，而绝对没有一点谁要包办与把持的痕迹。

第一次理事会是在冯先生那里开的。会里没有钱，无法预备茶饭，所以大家硬派冯先生请客。冯先生非常的高兴，给大家预备了顶丰富、顶实惠的饮食。理事都到会，没有请假的。开会的时候，张善子画师"闻风而至"，愿作会员。大家告诉他："这是文艺界协会，不是美术协会。"可是，他却另有个解释："文艺就是文与艺术。"虽然这是个曲解，大家可不再好意思拒绝他，他就作了文协的会员。

后来，善子先生给我画了一张顶精致的扇面——秋山上立着一只工笔的黑虎。为这个扇面，我特意过江到荣宝斋，花了五元钱，配了一副扇骨。荣宝斋的人们也承认那是杰作。那一面，我求丰子恺给写了字。可惜，第一次拿出去，便丢失在洋车上，使我心中难过了好几天。

我被推举为常务理事，并须担任总务组组长。我愿作常务理事，而力辞总务组组长。文协的组织里，没有会长或理事长。在拟定章程的时候，大家愿意教它显出点民主的精神，所以只规定了常务理事分担各组组长，而不愿有个总头目。因此，总务组组长，事实上，就是对外的代表，和理事长差不多。我不愿负起这个重任。我知道自己在文艺界的资望既不够，而且也没有办事的能力。

可是，大家无论如何不准我推辞，甚至有人声明，假若我辞总务，他们也就不干了。为怕弄成僵局，我只好点了头。

抗战文艺

这一来不要紧，我可就年年的连任，整整作了七年。

上长沙或别处的计划，连想也不再想了。文协的事务把我困在了武汉。

文协的"打炮"工作是刊行会刊。这又作得很快。大家凑了点钱，凑了点文章，就在五月四日发刊了《抗战文艺》。这个日子选得好。"五四"是新文艺的生日，现在又变成了《抗战文艺》的生日。新文艺假若是社会革命的武器，现在它变成了民族革命抵御侵略的武器。

《抗战文艺》最初是三日刊。不行，这太紧促。于是，出到五期就改了周刊。最热心的是姚蓬子、适夷、孔罗荪，与锡金几位先生，他们昼夜的为它操作，奔忙。

会刊虽不很大，它却给文艺刊物开了个新纪元——它是全国写家的，而不是一个人或几个人的。积极的，它要在抗战的大前提下，容纳全体会员的作品，成为文协的一面鲜明的旗帜。消极的，它要尽量避免像战前刊物上一些彼此的口角与近乎恶意的批评，它要稳健，又要活泼；它要集思广益，还要不失了抗战的，一定的目标；它要抱定了抗战宣传的目的，还要维持住相当高的文艺水准。这不大容易作到。可是，它自始至终，没有改变了它的本来面目。始终没有一篇专为发泄自己感情，而不顾及大体的文章。

在武汉撤退的时候，有一部分会员，仍停留在那里。他们——像冯乃超和孔罗荪几位先生——决定非至万不得已的时候不离开武汉。于是，在会刊编辑部西去重庆的期间，就由这几位先生编刊武汉特刊。特刊一共出了四期，末一期出版已是十月十五日——武汉是二十五日失守的。连同这四期特刊，《抗战文艺》在武汉一共出了二十期。自十七期起，即在重庆复刊。这个变动的痕迹是可以由纸张上看出来的：前十六期及特刊四期都是用白报纸印的，自第十七期起，可就换用土纸了。

重庆的印刷条件不及武汉那么良好，纸张——虽然是土纸——也极缺乏。因此，在文协的周年纪念日起，会刊由周刊改为半月刊。后来，又改成了月刊。就是在改为月刊之后，它还有时候脱期。会中经费支绌与印刷太不方便是使它脱期的两个重要原因。但是，无论怎么困难，它始终没有停刊。它是文协的旗帜，会员们决不允许它倒了下去。在武汉的时候，它可以销到七八千份。假若武汉不失守，它一定可以增销到万份以上。销得多就不会赔钱，也自然可以解决了许多困难。可是，武汉失守了，会刊在渝复刊后，只能行销于重庆、昆明、贵阳、成都几个大都市，连洛阳、西安、兰州都到不了。于是，每期只能印五千份，求收支相抵已自不易，更说不到赚钱了。

到了日本投降时，会刊出到了七十期。文协呢，由文艺界抗敌协会改名为文艺协会，《抗战文艺》也自然须告一结束，于是编辑者决定再出一小册作为终卷；以后就须出文艺协会的新会刊了。

在香港、昆明和成都的文协分会，也都出过刊物，可是都因人才的缺乏与经费的困难，时出时停。最值得一提的是香港分会曾经出过几期外文的刊物，向国外介绍中国的抗战文艺。这是头一个向国外作宣传的文艺刊物，可惜因经费不足而夭折了，直到抗战胜利，也并没有继承它的。

我不惮烦琐的这么叙述文协会刊的历史，因为它实在是一部值得重视的文献。它不单刊露了战时的文艺创作，也发表了战时文艺的一切意见与讨论，并且报告了许多文艺者的活动。它是文，也是史。它将成为将来文学史上的一些最重要的资料。同时它也表现了一些特殊的精神，使读者看到作家们是怎样的在抗战中团结到一起，始终不懈的打着他们的大旗，向暴敌进攻。

在忙着办会刊而外，我们几乎每个星期都有座谈会联谊会。那真是快活的日子。多少相识与不相识的同道都成了朋友，在一块儿讨论抗战文艺的许多问题。开茶会呢，大家各自掏各自的茶资；会中穷得连"清茶恭候"也作不到呀。会后，刚刚得到了稿费的人，总是自动的请客，去喝酒，去吃便宜的饭食。在会所，在公园，在美的咖啡馆，在友人家里，在旅馆中，我们都开过会。假若遇到夜间空袭，我们便灭了灯，摸着黑儿谈下去。

这时候大家所谈的差不多集中在两个问题上：一个是如何教文艺下乡与入伍，一个是怎么使文艺效劳于抗战。前者是使大家开始注意到民间通俗文艺的原因；后者是在使大家于诗、小说、戏剧而外，更注意到朗诵诗、街头剧，及报告文学等新体裁。

但是，这种文艺通俗运动的结果，与其说是文艺真深入了民间与军队，倒不如说是文艺本身得到新的力量，并且产生了新的风格。文艺工作者只能负讨论，试作，与倡导的责任，而无法自己把作品送到民间与军队中去。这需要很大的经费与政治力量，而文艺家自己既找不到经费，又没有政治力量。这样，文艺家想到民间去、军队中去，都无从找到道路，也就只好写出民众读物，在报纸上刊物上发表发表而已。这是很可惜，与无可如何的事。

虽然我的一篇《抗战一年》鼓词，在七七周年纪念日，散发了一万多份；虽然何容与老向先生编的《抗到底》是专登载通俗文艺作品的刊物；虽然有人试将新写的通俗文艺也用木板刻出，好和《孟姜女》与《叹五更》什么的放在一处去卖；虽然不久教育部也设立了通俗读物编刊处；可是这个运动，在实施方面，总是枝枝节节没有风起云涌的现象。我知道，这些作品始终没有能到乡间与军队中去——谁出大量的金钱，一印就印五百万份？谁给它们运走？和准否大量的印，准否送到军民中间去？都没有解决。没有政治力量在它的后边，它只能成为一种文艺运动，一种没有什么实效的运动而已。

会员郁达夫与盛成先生到前线去慰劳军队。归来，他们报告给大家：前线上连报纸都看不到，不要说文艺书籍了。士兵们无可如何，只好到老百姓家里去借《三国演义》，与《施公案》一类的闲书。听到了这个，大家更愿意马上写出一些通俗的读物，先印一二百万份送到前线去。我们确是愿意写，可是印刷的经费，与输送的办法呢？没有人能回答。于是，大家只好干着急，而想不出办法来。

入川

在武汉，我们都不大知道怕空袭。遇到夜袭，我们必定"登高一望"。探照灯把黑暗划开，几条银光在天上寻找。找到了，它们交叉在一处，照住那银亮的，几乎是透明的敌机。而后，红的黄的曳光弹打上去，高射炮紧跟着开了火。有声有色，真是壮观。

四月二十九与五月三十一日的两次大空战，我们都在高处看望。看着敌机被我机打伤，曳着黑烟逃窜，走着走着，一团红光，敌机打几个翻身，落了下去；有多么兴奋，痛快呀！一架敌机差不多就在我们的头上，被我们两架驱逐机截住，它就好像要孵窝的母鸡似的，有人捉它，它就趴下不动那样，老老实实的被击落。

可是，一进七月，空袭更凶了，而且没有了空战。在我的住处，有一个地洞，横着竖着，上下与四壁都用木柱密密的撑住，顶上堆着沙包。有一天，也就是下午两三点钟吧，空袭，我们入了这个地洞。敌机到了。一阵风，我们听到了飞沙走石；紧跟着，我们的洞就像一只小盒子被个巨人提起来，紧紧的乱摇似的，使我们眩晕。离洞有三丈吧，落了颗五百磅的炸弹，碎片打过来，把院中的一口大水缸打得粉碎。我们门外的一排贫民住房都被打垮，马路上还有两个大的弹坑。

我们没被打死，可是知道害怕了。再有空袭，我们就跑过铁路，到野地的荒草中藏起去。天热，草厚，没有风，等空袭解除了，我的袜子都被汗湿透。

不久，冯先生把我们送到汉口去。武昌已经被炸得不像样子了。千家街的福音堂中了两次弹。蛇山的山坡与山脚死了许多人。

因为我是文协的总务主任，我想非到万不得已不离开汉口。我们还时常在友人家里开晚会，十回倒有八回遇上空袭，我们煮一壶茶，灭去灯光，在黑暗中一直谈到空袭解除。邵先生劝我们快走，他的理由是："到了最紧急的时候，你们恐怕就弄不到船位，想走也走不脱了！"

这样，在七月三十日，我、何容、老向，与肖伯青（文协的干事），便带着文协的印鉴与零碎东西，辞别了武汉。只有友人白君和冯先生派来的副官，来送行。

船是一家中国的公司的，可插着意大利旗子。这是条设备齐全，而一切设备都不负责任的船。舱门有门轴，而关不上门；电扇不会转；衣钩掉了半截；什么东西都有，而全无用处。开水是在大木桶里。我亲眼看见一位江北娘姨把洗脚水用完，又倒在开水桶里！我开始拉痢。

一位军人，带着紧要公文，要在城陵矶下船。船上不答应在那里停泊。他耽误了军机，就碰死在绕锚绳的铁柱上！

船只到宜昌。我们下了旅馆。我继续拉痢。天天有空袭。在这里，等船的人很多，所以很热闹——是热闹，不是紧张。中国人仿佛不会紧张。这也许就是日本人侵华失败的原因之一吧？日本人不懂得中国人的"从容不迫"的道理。

我们求一位黄老翁给我们买票。他是一位极诚实坦白的人，在民生公司作事多年。他极愿帮我们的忙，可是连他也不住的抓脑袋。人多船少，他没法子临时给我们赶造出一只船来。等了一个星期，他算是给我们买到了铺位——在甲板上。我们不挑剔地方，只要不叫我们浮着水走就好。

仿佛全宜昌的人都上了船似的。不要说甲板上，连烟囱下面还有几十个难童呢。开饭，昼夜的开饭。茶役端着饭穿梭似的走，把脚上的泥垢全印在我们的被上枕上。我必须到厕所去，但是在夜间三点钟，厕所外边还站着一排候补员呢！三峡有多么值得看哪。可是，看不见。人太多了，若是都拥到船头上去观景，船必会插在江里，永远不再抬头。我只能侧目看下面，看到人头——头发很黑——在水里打旋儿。

八月十四，我们到了重庆。上了岸，我们一直奔了青年会去。会中的黄次咸与宋杰人两先生都欢迎我们，可是怎奈宿舍已告客满。这时候重庆已经来了许多公务人员和避难的人，旅馆都有人满之患。青年会宿舍呢，地方清静，床铺上没有臭虫，房价便宜，而且有已经打好了的地下防空洞，所以永远客满。我们下决心不去另找住处。我们知道，在会里——哪怕是地板呢——作候补，是最牢靠的办法。黄先生们想出来了一个办法，教我们暂住在机器房内。这是个收拾会中的器具的小机器房，很黑，响声很大。

天气还很热。重庆的热是出名的。我永远没睡过凉席，现在我没法不去买一张了。睡在凉席上，照旧汗出如雨。墙，桌椅，到处是烫的；人仿佛是在炉里。只有在一早四五点钟的时候，稍微凉一下，其余的时间全是在热气团里。城中树少而坡多，顶着毒花花的太阳，一会儿一爬坡，实在不是好玩的。

四川的东西可真便宜，一角钱买十个很大的烧饼，一个铜板买一束鲜桂圆。好吧，天虽热，而物价低，生活容易，我们的心中凉爽了一点。在青年会的小食堂里，我们花一二十个铜板就可以吃饱一顿。

文协的会友慢慢的都来到，我们在临江门租到了会所，开始办公。

我们的计划对了。不久，我们便由机器房里移到楼下一间光线不很好的屋里去。过些日子，又移到对门光线较好的一间屋中。最后，我们升到楼上去，屋子宽，光线好，开窗便看见大江与南山。何容先生与我各据一床。他编《抗到底》，我写我的文章。他每天是午前十一点左右才起来。我呢，到十一点左右已写完我一天该写的一二千字。写完，我去吃午饭。等我吃过午饭回来，他也出去吃东西，我正好睡午觉。晚饭，我们俩在一块儿吃。晚间，我睡得很早，他开始工作，一直到深夜。我们，这样，虽分住一间屋子，可是谁也不妨碍谁。赶到我们偶然都喝醉了的时候，才忘了这互不侵犯协定，而一齐吵嚷一回。

我开始正式的去和富少舫先生学大鼓书。好几个月，才学会了一段《白帝城》，腔调都摹拟刘（宝全）派。学会了这么几句，写鼓词就略有把握了。几年中，我写了许多段，可是只有几段被富先生们采用了：

《新拴娃娃》（内容是救济难童），富先生唱。

《文盲自叹》（内容是扫除文盲），富先生唱。

《陪都巡礼》（内容是赞美重庆），富贵花小姐唱。

《王小赶驴》（内容是乡民抗敌），董莲枝女士唱。

以上四段，时常在陪都演唱。其中以《王小赶驴》为最弱，因为董女士是唱山东犁铧大鼓的，腔调太缓慢，表现不出激昂慷慨的情调。于此，知内容与形式必求一致，否则劳而无功。

我也开始写旧剧剧本——用旧剧的形式写抗战的故事。这没有多大的成功。我只听说有一两出曾在某地表演过，我可是没亲眼看到。旧剧，因为是戏剧，比鼓词难写多了。最不好办的是教现代的人穿行头，走台步；不如此吧，便失去旧剧之美；按葫芦挖瓢吧，又使人看着不舒服；穿时装而且歌且舞吧，又像文明戏。没办法！

这时候，我还为《抗到底》写长篇小说——《蜕》。这篇东西没能写成。《抗到底》后来停刊了，我就没再往下写。

转过年来，二十八年之春，我开始学写话剧剧本。对戏剧，我是十成十的外行，根本不晓得小说与剧本有什么分别。不过，和戏剧界的朋友有了来往，看他们写剧，导剧，演剧，很好玩，我也就见猎心喜，决定瞎碰一碰。好在，什么事情莫不是由试验而走到成功呢。我开始写《残雾》。

初夏，文协得到战地党政工作委员会的资助，派出去战地访问团，以王礼锡先生为团长，宋之的先生为副团长，率领罗烽、白朗、葛一虹等十来位先生，到华北战地去访问抗战将士。

同时，慰劳总会组织南北两慰劳团，函请文协派员参加。理事会决议：推举姚蓬子、陆晶清两先生参加南团，我自己参加北团。

这是在五三、五四敌机狂炸重庆以后。重庆的房子，除了大机关与大商店的，差不多都是以竹篾为墙，上敷泥土，因为冬天不很冷，又没有大风，所以这种简单、单薄的建筑满可以将就。力气大的人，一拳能把墙砸个大洞。假若鲁智深来到重庆，他会天天闯祸的。这种房子盖得又密密相连，一失火就烧一大片。火灾是重庆的罪孽之一。日本人晓得这情形，所以五三、五四都投的是燃烧弹——不为炸军事目标，而是蓄意要毁灭重庆，造成恐怖。

前几天，我在公共防空洞里几乎憋死。人多，天热，空袭的时间长，洞中的空气不够用了。五三、五四我可是都在青年会里，所以没受到什么委屈。五四最糟，警报器因发生障碍，不十分响；没有人准知道是否有了空袭，所以敌机到了头上，人们还在街上游逛呢。火，四面八方全是火，人死得很多。我在夜里跑到冯先生那里去，因为青年会附近全是火场，我怕被火围住。彻夜，人们像流水一般，往城外搬。

经过这个大难，文协会所暂时移到南温泉去，和张恨水先生为邻。我也去住了几天。人心慢慢的安定了，我回渝筹备慰劳团与访问团出发的事情。我买了两身灰布的中山装，准备远行。此后，我老穿着这样的衣服。下过几次水以后，衣服灰不灰，蓝不蓝，老在身上裹着，使我很像个清道夫。吴组缃先生管我的这种服装叫作斯文扫地的衣服。

文协当然不会给我盘缠钱，我便提了个小铺盖卷，带了自己的几块钱，北去远征。

在起身以前，我写完了《残雾》。没加修改，便交王平陵先生去发表。我走了半年。等我回来，《残雾》已上演过了，很成功。导演是马彦祥先生，演员有舒绣文、吴茵、孙坚白、周伯勋诸位先生。可惜，我没有看见。

慰劳团先到西安，而后绕过潼关，到洛阳。由洛阳到襄樊老河口，而后出武关再到西安。由西安奔兰州，到由兰州榆林，而后到青海、绥远、宁夏、兴集，一共走了五个多月，两万多里。

这次长征的所见所闻，都记在《剑北篇》里——一部没有写完，而且不大像样的长诗。在陕州，我几乎被炸死。在兴集，我差一点被山洪冲了走。这些危险与兴奋，都记在《剑北篇》里，即不多赘。

王礼锡先生死在了洛阳，这是文艺界极大的一个损失！

由川到滇

从二十九年起，大家开始感觉到生活的压迫。四川的东西不再便宜了，而是一涨就涨一倍的，天天往上涨。我只好经常穿着斯文扫地的衣服了。我的香烟由使馆降为小大英，降为刀牌，降为船牌，再降为四川土产的卷烟——也可美其名曰雪茄。别的日用品及饮食也都随着香烟而降格。

生活不单困苦，而且也不安定。二十八，二十九，三十，这三年，日本费尽心机，用各种花样来轰炸。有时候是天天用一二百架飞机来炸重庆，有时候只用每次三五架，甚至于一两架，自晓至夜的施行疲劳轰炸，有时候单单在人们要睡觉，或睡的正香甜的时候，来捣乱。日本人大概是想以轰炸压迫政府投降。这是个梦想。中国人绝不是几个或几千个炸弹所能吓倒的。虽然如此，我在夏天可必须离开重庆，因为在防空洞里我没法子写作。于是，一到雾季过去，我就须预备下乡，而冯先生总派人来迎接："上我这儿来吧，城里没法子写东西呀！"二十九年夏天，我住在陈家桥冯公馆的花园里。园里只有两间茅屋，归我独住。屋外有很多的树木，树上时时有各种的鸟儿为我——也许为它们自己——唱歌。我在这里写《剑北篇》。

雾季又到，回教协会邀我和宋之的先生合写以回教为主题的话剧。我们就写了《国家至上》。这剧本，在重庆、成都、昆明、大理、香港、桂林、兰州、恩施，都上演过。他是抗战文艺中一个成功的作品。因写这剧本，我结识了许多回教的朋友。有朋友，就不怕穷。我穷，我的生活不安定，可是我并不寂寞。

二十九年冬，因赶写《面子问题》剧本，我开始患头晕。生活苦了，营养不足，又加上爱喝两杯酒，遂患贫血。贫血遇上努力工作，就害头晕——一低头就天旋地转，只好静卧。这个病，至今还没好，每年必犯一两次。病一到，即须卧倒，工作完全停顿！着急，但毫无办法。有人说，我的作品没有战前的那样好了。我不否认。想想看，抗战中，我是到处流浪，没有一定的住处，没有适当的饭食，而且时时有晕倒的危险，我怎能写出字字珠玑的东西来呢？

三十年夏，疲劳轰炸闹了两个星期。我先到歌乐山，后到陈家桥去住，还是应冯先生之邀。这时候，罗莘田先生来到重庆。因他的介绍，我认识了清华大学校长梅贻琦先生，梅先生听到我的病与生活状况，决定约我到昆明去住些日子。昆明的天气好，又有我许多老友，我很愿意去。在八月下旬，我同莘田搭机，三个钟头便到了昆明。

我很喜爱成都，因为它有许多地方像北平。不过，论天气，论风景，论建筑，昆明比成都还更好。我喜欢那比什刹海更美丽的翠湖，更喜欢昆明湖——那真是湖，不是小小的一汪水，像北平万寿山下的人造的那个。土是红的，松是绿的，天是蓝的，昆明的城外到处像油画。

更使我高兴的，是遇见那么多的老朋友。杨今甫大哥的背有点驼了，却还是那样风流儒雅。他请不起我吃饭，可是也还烤几罐土茶，围着炭盆，一谈就和我谈几点钟。罗膺中兄也显着老，而且极穷，但是也还给我包饺子，煮俄国菜汤吃。郑毅生、陈雪屏、冯友兰、冯至、陈梦家、沈从文、章川岛、段人、闻一多、萧涤非、彭啸咸、查良钊、徐旭生、钱端升诸先生都见到，或约我吃饭，或陪我游山逛景。这真是快乐的日子。在城中，我讲演了六次；虽然没有什么好听，听众倒还不少。在城中住腻，便同莘田下乡。提着小包，顺着河堤慢慢的走，风景既像江南，又非江南；有点像北方，又不完全像北方；使人快活，仿佛是置身于一种晴朗的梦境，江南与北方混在一起而还很调谐的，只有在梦中才会偶尔看到的境界。

在乡下，我写完了《大地龙蛇》剧本。这是受东方文化协会的委托，而始终未曾演出过的，不怎么高明的一本剧本。

认识一位新朋友——查阜西先生。这是个最爽直，热情，多才多艺的朋友。他听我有愿看看大理的意思，就马上决定陪我去。几天的工夫，他便交涉好，我们坐两部运货到畹汀的卡车的高等黄鱼。所谓高等黄鱼者，就是第一不要出钱，第二坐司机台，第三司机师倒还请我们吃酒吃烟——这当然不在协定之内，而是在路上他们自动这样作的。两位司机师都是北方人。在开车之前他们就请我们吃了一桌酒席！后来，有一位摔死在澜沧江上，我写了一篇小文悼念他。

到大理，我们没有停住，马上奔了喜洲镇去。大理没有什么可看的，不过有一条长街，许多卖大理石的铺子而已。它的城外，有苍山洱海，才是值得看的地方。到喜洲镇去的路上，左是高山，右是洱海，真是置身图画中。喜洲镇，虽然是个小镇子，却有宫殿似的建筑，小街左右都流着清清的活水。华中大学由武昌移到这里来，我又找到游泽丞教授。他和包漠庄教授、李何林教授，陪着我们游山泛水。这真是个美丽的地方，而且在赶集的时候，能看到许多夷民。

极高兴的玩了几天，吃了不知多少条鱼，喝了许多的酒，看了些古迹，并对学生们讲演了两三次，我们依依不舍的道谢告辞。在回程中，我们住在了下关等车。在等车之际，有好几位回教朋友来看我，因为他们演过《国家至上》。查阜西先生这回大显身手，居然借到了小汽车，一天便可以赶到昆明。

在昆明过了八月节，我飞回了重庆来。

写与游

这时候，我已移住白象街新蜀报馆。青年会被炸了一部分，宿舍已不再办。

夏天，我下乡，或去流荡；冬天便回到新蜀报馆，一面写文章，一面办理文协的事。文协也找到了新会所，在张家花园。

物价像发疯似的往上涨。文人们的生活都非常的困难。我们已不能时常在一处吃饭喝酒了，因为大家的口袋里都是空空的。文协呢，有许多会员到桂林和香港去，人少钱少，也就显着冷落。可是，在重庆的几个人照常的热心办事，不肯教它寂寞的死去。办事很困难，只要我们动一动，外边就有谣言，每每还遭受了打击。我们可是不灰心，也不抱怨。我们诸事谨慎，处处留神。为了抗战，我们甘心忍受一切的委屈。

我的身体也越来越坏，本来就贫血，又加上时常"打摆子"（川语，管疟疾叫打摆子），所以头晕病更加重了。

不过，头晕并没完全阻止了我的写作。只要能挣扎着起床，我便拿起笔来，等头晕得不能坐立，再把它放下。就是在这么挣扎着的情形下，八年中我写了：鼓词，十来段。旧剧，四五出。话剧，八本。短篇小说，六七篇。长篇小说，三部。长诗，一部。此外还有许多篇杂文。

这点成绩，由质上量上说都没有什么了不起。不过，把病痛，困苦，与生活不安定，都加在里面，即使其中并无佳作，到底可以见出一点努力的痕迹来了。

书虽出了不少，而钱并没拿到几个。战前的著作大致情形是这样的：商务的三本（《老张的哲学》、《赵子曰》、《二马》），因沪馆与渝馆的失去联系，版税完全停付；直到三十二年才在渝重排。《骆驼祥子》、《樱海集》、《牛天赐传》、《老牛破车》四书，因人间书屋已倒全无消息。到三十一年，我才把《骆驼祥子》交文化生活出版社重排。《牛天赐传》到最近才在渝出版。《樱海集》与《老牛破车》都无机会在渝付印。其余的书的情形大略与此相同，所以版税收入老那么似有若无。在抗战中写的东西呢，像鼓词、旧剧等，本是为宣传抗战而写的，自然根本没想到收入。话剧与鼓词，目的在学习，也谈不到生意经。只有小说能卖，可是因为学写别的体裁，小说未能大量生产，收入就不多。

不过，写作的成绩虽不好，收入也虽欠佳，可是我到底学习了一点新的技巧与本事。这就"不虚此写"！一个文人本来不是商人，我又何必一定老死盯着钱呢？没有饿死，便是老天爷的保佑；若专算计金钱，而忘记了多学习，多尝试，则未免挂羊头而卖狗肉矣。我承认八年来的成绩欠佳，而不后悔我的努力学习。我承认不计较金钱，有点愚蠢，我可也高兴我肯这样愚蠢；天下的大事往往是愚人干出来的。

有许多去教书的机会，我都没肯去：一来是，我的书籍，存在了济南，已全部丢光；没有书自然没法教书。二来是，一去教书，势必就耽误了乱写，我不肯为一点固定的收入而随便搁下笔。笔是我的武器，我的资本，也是我的命。

三十一年夏天，我随冯先生去游灌县与青城山。

我真喜爱青城山。它的翠绿的颜色直到如今还印在我的脑中。三峡剑门、华山、终南、祁连山我都看过了，它们都有它们的特点，都有它们的奇伟处，可是我觉得它们都不如青城。我是喜安静的人，所以特别喜欢青城的幽寂。

可惜，我没能到峨眉去！四川真伟大，有多少奇山异水可看呀！一个人若能走遍了四川，也就够开眼的了！就是在重庆那么乱的山城里，它到底有许多青峰，和两条清江可以作诗料呀！

我爱花，即使不能去看高山大川，我的案头一年四季总有一瓶鲜花给我一点安慰。梅，各色的梅；蜡梅，各种的蜡梅；杜鹃，茶花，水仙，菊，和各种的花，都能在街头买到。看着花，我想象着那山腰水滨的美丽，便有些乐不思"离"蜀矣！

在北碚

北碚是嘉陵江上的一个小镇子，离重庆有五十多公里，这原是个很平常的小镇市；但经卢作孚与卢子英先生们的经营，它变成了一个"试验区"。在抗战中，因有许多学校与机关迁到此处，它又成了文化区。此地出煤。在许多煤矿中，天府公司且有最新的设备与轻便铁路。原有的手工业是制造石器——石砚及磨石等——与挂面，现在又添上小的粉面厂与染织厂。

这里的学校是复旦大学，体育专科学校，戏剧专科学校，重庆师范，江苏省立医学院，兼善中学和勉仁中学等。迁来的机关有国立编译馆、礼乐馆、中工所、水利局、中山文化教育馆、儿童福利所、江苏医院、教育电影制片厂……有了这么多的学校与机关，市面自然也就跟着繁荣起来。它的整洁的旅舍，相当大的饭馆，浴室和金店银行。它也有公园，体育场，戏馆，电灯和自来水。它已不是个小镇，而是个小城。它的市外还有北温泉公园，可供游览及游泳；有山，山上住着太虚大师与法尊法师，他们在缙云寺中设立了汉藏理学院，教育年青的和尚。

二十八、二十九两年，此地遭受了轰炸，炸去许多房屋，死了不少的人。可是随炸随修。它的市容修改得更整齐美丽了。这是个理想的住家的地方。具体而微的，凡是大都市应有的东西，它也都有。它有水路，旱路直通重庆，百货可以源源而来。它的安静与清洁又远非重庆可比。它还有自己的小小的报纸呢。

林语堂先生在这里买了一所小洋房。在他出国的时候，他把这所房交给老向先生与文协看管着。因此，一来这里有许多朋友，二来又有住处，我就常常来此玩玩。在复旦，有陈望道、陈子展、章靳以、马宗融、洪深、赵松庆、伍蠡甫、方令孺诸位先生，在编译馆，有李长之、梁实秋、隋树森、阎金锷、老向，诸位先生；在礼乐馆，有杨仲子、杨荫浏、卢前、张充和，诸位先生；此处还有许多河北的同乡；所以我喜欢来到此处。虽然他们都穷，但是轮流着每家吃一顿饭，还不至于教他们破产。

三十一年夏天，我又来到北碚，写长篇小说《火葬》，从这一年春天，空袭就很少了；即使偶尔有一次，北碚也有防空洞，而且不必像在重庆那样跑许多路。

哪知道，这样一来可就不再动了。十月初，我得了盲肠炎，这个病与疟疾，在抗战中的四川是最流行的；大家都吃平价米，里边有许多稗子与稻子。一不留神把它们咽下去，入了盲肠，便会出毛病。空袭又多，每每刚端起饭碗警报器响了；只好很快的抓着吞咽一碗饭或粥，顾不得细细的挑拣；于是盲肠炎就应运而生。

我入了江苏医院。外科主任刘玄三先生亲自动手。他是北方人，技术好，又有个热心肠。可是，他出了不少的汗。找了三个钟头才找到盲肠。我的胃有点下垂，盲肠挪了地方，倒仿佛怕受一刀之苦，而先藏躲起来似的。经过还算不错，只是外边的缝线稍粗（战时，器材缺乏），创口有点出水，所以多住了几天院。

我还没出院，家眷由北平逃到了重庆。只好教他们上北碚来。我还不能动。多亏史叔虎、李效庵两位先生——都是我的同学——设法给他们找车，他们算是连人带行李都来到北碚。

从这时起，我就不常到重庆去了。交通越来越困难，物价越来越高；进一次城就仿佛留一次洋似的那么费钱。除了文协有最要紧的事，我很少进城。

妻絜青在编译馆找了个小事，月间拿一石平价米，我照常写作，好歹的对付着过日子。

按说，为了家计，我应去找点事作。但是，一个闲散惯了的文人会作什么呢？不要说别的，假若在从武汉撤退的时候，我若只带二三百元（这并不十分难筹）的东西，然后一把捣一把的去经营，说不定我就会成为百万之富的人。有许多人，就是这样的发了财的。但是，一个人只有一个脑子，要写文章就顾不得作买卖，要作生意就不用写文章。脑子之外，还有志愿呢。我不能为了金钱而牺牲了写作的志愿。那么，去作公务人员吧？也不行！公务人员虽无发国难财之嫌，可是我坐不惯公事房。去教书呢，我也不甘心。教我放下毛笔，去拿粉笔，我不情愿。我宁可受苦，也不愿改行。往好里说，这是坚守自己的岗位；往坏里说，是文人本即废物。随便怎么说吧，我的老主意。

我戒了酒。在省钱而外，也是为了身体。酒，到此时才看明白，并不帮忙写作，而是使脑子昏乱迟钝。

我也戒烟。这却专为省钱。可是，戒了三个月，又吸上了。不行，没有香烟，简直活不下去！

既不常进城，我开始计划写一部百万字的长篇小说。一百万字，我想，能在两年中写完；假若每天能照准写一千五百字的话。三十三年元月，我开始写这长篇——就是《四世同堂》。

可是，头昏与疟疾时常来捣乱。到三十三年年底，我才只写了三十万字。这篇东西大概非三年写不完了。

北碚虽然比重庆清静，可是夏天也一样的热。我的卧室兼客厅兼书房的屋子，三面受阳光的照射，到夜半热气还不肯散，墙上还可以烤面包。我睡不好。睡眠不足，当然影响到头昏。屋中坐不住，只好到室外去，而室外的蚊子又大又多，扇不停挥，它们还会乘机而入，把疟虫注射在人身上。"打摆子"使贫血的人更加贫血。

三十三年这一年又是战局最黑暗的时候，中原，广西，我们屡败；敌人一直攻进了贵州。这使我忧虑，也极不放心由桂林逃出来的文友的安全。忧虑与关切减低了我写作的效率。

望北平

三十三年四月十六日，文协开年会。第二天，朋友们给我开了写作二十年纪念会，到会人很多，而且有朗诵、大鼓、武技、相声、魔术等游艺节目。有许多朋友给写了文章，并且送给我礼物。到大家教我说话的时候，我已泣不成声。我感激大家对我的爱护，又痛心社会上对文人的冷淡，同时想到自己的年龄加长，而碌碌无成，不禁百感交集，无法说出话来。

这却给我以很大的鼓励。我知道我写作成绩并不怎么好；友人们的鼓励我，正像鼓励一个拉了二十年车的洋车夫，或辛苦了二十年的邮差，虽然成绩欠佳，可是始终尽责不懈。那么，为酬答友人的高情厚谊，我就该更坚定的守住岗位，专心一志的去写作，而且要写得更用心一些。我决定把《四世同堂》写下去。这部百万字的小说，即使在内容上没什么可取，我也必须把它写成，成为从事抗战文艺的一个较大的纪念品。

三十三年的战局很坏，我可是还天天写作。除了头昏不能起床，我总不

116

肯偷懒。这一年，《四世同堂》得到三十万字。

三十四年，我的身体特别坏。年初，因为生了个小女娃娃，我睡得不甚好，又患头晕。春初，又打摆子。以前，头晕总在冬天。今年，夏天也犯了这病。秋间，患痔，拉痢。这些病痛时常使我放下笔。本想用两年的功夫把《四世同堂》写完，可是到三十四年年底，只写了三分之二。这简直不是写东西，而是玩命！

抗战胜利了，我进了一次城。按我的心意，文协既是抗敌协会，理当以抗战始，以胜利终。进城，我想结束会务，宣布解散。朋友们可是一致的不肯使它关门。他们都愿意把"抗敌"取消，成为永久的文艺协会。于是，大家开始筹备改组事宜，不久便得社会部的许可，发下许可证。

关于复员，我并不着急。一不营商，二不求官，我没有忙着走的必要。八年流浪，到处为家；反正到哪里，我也还是写作，干吗去挤车挤船的受罪呢？我很想念家乡，这是当然的。可是，我既没钱去买黑票，又没有衣锦还乡的光荣，那么就教北平先等一等我吧，写了一首"乡思"的七律，就拿它结束这段"八方风雨"吧：

> 茫茫何处话桑麻？破碎山河破碎家；
>
> 一代文章千古事，余年心愿半庭花！
>
> 西风碧海珊瑚冷，北岳霜天翔角斜；
>
> 无限乡思秋日晚，夕阳白发待归鸦！

割盲肠记

老 舍

六月初来北碚，和赵清阁先生合写剧本——《桃李春风》。剧本草成，"热气团"就来了，本想回渝，因怕遇暑而止。过午，室中热至百另三四度，乃早五时起床，抓凉儿写小说。原拟写个中篇，约四万字。可是，越写越长，至九月中已得八万余字。秋老虎虽然还很厉害，可是早晚到底有些凉意，遂决定在双十节前后赶出全篇，以便在十月中旬回渝。有什么样的环境，才有什么样的神经过敏。因为巴蜀"摆子"猖狂，所以我才身上一冷，便马上吃昆宁。同样的，朋友们有许多患盲肠炎的，所以我也就老觉得难免一刀之苦。在九月末旬，我的右胯与肚脐之间的那块地方，开始有点发硬；用手摸，那里有一条小肉岗儿。"坏了！"我自己放了警报，"盲肠炎！"赶紧告诉了朋友们，即使是谎报，多骗取他们一点同情也怪有意思！

朋友们的回答几乎是一致的——神经过敏！我申说部位是对的，并且量给他们看，怎奈他们还不信。我只好以自己的医学知识丰富自慰，别无办法。

过了两天，肚中的硬结依然存在。并且作了个割盲肠的梦！把梦形容给萧伯青兄。他说：恐怕是下意识的警告！第二天夜里，一夜没睡好，硬的地方开始一窝一窝的疼，就好像猛一直腰，把肠子或别处扯动了那样。一定是盲肠炎了！我静候着发烧，呕吐，和上断头台！可是，使我很失望，我并没有发烧，也没有呕吐！到底是怎回事呢？

十月四日，我去找赵清阁先生。她得过此病，一定能确切的指示我。她说，顶好去看看医生。她领我上了江苏医学院的附设医院。很巧，外科刘主任（玄三）正在院里。他马上给我检查。

"是！"刘主任说。

"暂时还不要紧吧?"我问。我想写完了小说和预支了一些稿费的剧本,再来受一刀之苦。

"不忙!慢性的!"刘主任真诚而和蔼的说。他永远真诚,所以绰号人称刘好人。

我高兴了。并非为可以缓期受刑,而是为可以先写完小说与剧本;文艺第一,盲肠次之!

可是,当我告辞的时候,刘主任把我叫住:"看看白血球吧!"

一位穿白褂子的青年给我刺了"耳朵眼"。验血。结果:一万好几百!刘主任吸了口气:"马上割吧!"我的胸中恶心了一阵,头上出了凉汗。我不怕开刀,可是小说与剧本都急待写成啊!特别是那个剧本,我已预支了三千元的稿费!同时,在顷刻之间,我又想到:白血球既然很多,想必不妙,为何等着受发烧、呕吐等等苦楚来到再受一刀之苦呢?一天不割,便带着一天的心病,何不从早解决呢?

"几时割?"我问。心中很闹得慌,像要吐的样子。

"今天下午!"

随着刘主任,我去交了费,定了房间。

没有吃午饭。托青兄给买了一双新布鞋,因为旧的一双的底子已经有很大的窟窿。心里说:穿新鞋子入医院,也许更能振作一些。

下午一时。自己提着布袋,去找赵先生。二时,她送我入院——她和大夫护士们都熟识。

房间很窄,颇像个棺材。可是,我的心中倒很平静,顺口答音的和大家说笑,护士们来给我打针敷消毒药,腰间围了宽布。诸事齐备,我轻轻的走入手术室,穿着新鞋。

屈着身。吴医生给我的脊梁上打了麻醉针。不很疼。护士长是德州的护士学校毕业的。她还认识我:在她毕业的时候,我正在德州讲演。这已是十年前的事了。她低声的说："舒先生，不怕啊！"我没有怕，我信任西医！况且割盲肠是个小手术。朋友们——老向、萧伯青、萧亦五、清阁、李佩珍……——都在窗外"偷"看呢，我更得扎挣着点！

下部全麻了。刘主任进来。吱——腹上还微微觉到疼。"疼啊！"我报告了一声。"不要紧！"刘主任回答。腹里捣开了乱，我猜想：刘主任的手大概是伸进去了。我不再出声。心中什么也不想。我以为这样老实的受刑，盲肠必会因受感动而也许自动的跳出来。

不过，盲肠到底是"盲肠"，不受感动！麻醉的劲儿朝上走，好像用手推着我的胃；胃部烧得非常的难过，使我再也不能忍耐。吐了两口。"胃里烧得难过呀！"我喊出来。"忍着点！马上就完！"刘主任说。我又忍着，我听得见刘主任的声音："擦汗！""小肠！""放进去！""拿钩了！""摘眼镜！"……我心里说："坏了！找不到！"我问了："找到没有？"刘主任低切的回答："马上找到！不要出声！"

窗外的朋友们比我还着急："坏了！莫非盲肠已经烂掉？"

我机械的，一会儿一问："找到没有？"而得到的回答只是："莫出声！"

苦了刘主任与助手们，室内没有电灯。两位先生立在小凳上，打着电棒。夹伤口的先生们，正如打电棒的始终不能休息片刻。整整一个钟头！

一个钟头了，盲肠还未露面！

我的鼻子上来了点怪味。大概是吴医生的声音："数一二三四！"我数了好几个一二三四，声音相当的响亮。末了，口中一噎，就像刮大风在城门洞中喝了一大口风似的我睡过去，生命成了空白。

睁开眼，我恍惚的记得梁实秋先生和伯青兄在屋中呢。其实屋中有好几位朋友，可是我似乎没有看见他们。在这以前，据朋友们告诉我，我已经出过声音，我自己一点也不记得。我的第一声是高声的喊王抗——老向的小男孩。也许是在似醒非醒之中，我看见王抗翻动我的纸笔吧，所以我大声的呼叱他；我完全记不得了。第二次出声是说了一串中学时的同学的外号：老向、范烧饼、闪电手、电话西局……弄得大家都莫名其妙。生命在这时候是一片云雾，在记忆中飘来飘去，偶然的露出一两个星星。

再睁眼，我看见刘主任坐在床沿上。我记得问他："找到没有？割了吗？"这两个问题，在好几个钟头以内始终在我的口中，因为我只记得全身麻醉以前的事。

我忘了我是在病房里，我以为我是在伯青的屋中呢。我问他："为什么我躺在这儿呢？这里多么窄小啊！"经他解释一番，我才想起我是入了医院。生命中有一段空白，也怪有趣！

一会儿，我清醒，一会儿又昏迷过去。生命像春潮似的一进一退。清醒了，我就问：找到了吗？割去了吗？

口中的味道像刚喝过一加仑汽油，出气的时候，心中舒服，吸气的时候，觉得昏昏沉沉。生命好像悬在这一呼一吸之间。

胃里作烧，脊梁酸痛，右腿不能动，因打过了一瓶盐水。不好受。我急躁，想要跳起来。苦痛而外，又有一种渺茫之感，比苦痛还难受。不管是清醒，还是昏迷着，我老觉得身上丢失了一点东西。我用手去摸。像摸钱袋或要物在身边没有那样。摸不到什么，我于失望中想起：噢，我丢失的是一块病。可是，这并不能给我安慰，好像即使是病也不该遗失；生命是全的，丢掉一根毫毛也不行！这时候，自怜与自叹控制住我自己，我觉得生命上有了伤痕，有了亏损！已经一天没吃东西；现在，连开水也不准喝一口——怕引起呕吐而震动伤口。我并不觉得怎样饥渴。胃中与脊梁上难过比饥渴更厉害，可是也还挣扎去忍受。真正恼人的倒是那点渺茫之感。我没想到死，也没盼祷赶快痊愈，我甚至于忘记了赶写小说那回事。我只是飘飘摇摇的感到不安！假若他们把割下的盲肠摆在我的面前，我也许就可以捉到一点什么而安心去睡觉。他们没有这样作。我呢，就把握不到任何实际的东西，而惶惑不安。我失去了自信，不知道自己是干什么呢！因此我烦躁，发脾气，苦了看守我的朋友！

老向、璧如、伯青、齐致贤、席微膺诸兄轮流守夜；李佩珍小姐和萧亦五兄白天亦陪伴。我不知道怎样感激他们才好！医院中的护士不够用，饭食很苦，所以非有人招呼我不可。

体温最高的时候只到三十八度，万幸！虽然如此，我的唇上的皮还干裂得脱落下来，眼底有块青点，很像四眼狗。

最难过的是最初的三天。时间，在苦痛里，是最忍心的；多慢哪！每一分钟都比一天还长！到第四天，一切都换了样子；我又回到真实的世界上来，不再悬挂在梦里。

本应当十天可以出院，可是住了十六天，缝伤口的线粗了一些，不能完全消化在皮肉里；没有成脓，但是汪儿黄水。刘主任把那节不愿永远跟随着我的线抽了出来，腹上张着个小嘴。直到这小嘴完全干结我才出院。

神经过敏也有它的好处。假若我不"听见风就是雨"，而不去检查，一旦爆发，我也许要受很大的苦楚。我的盲肠部位不对。不知是何原因，它没在原处，而跑到脐的附近去，所以急得刘主任出了好几身大汗。假若等到它汇了脓再割，岂不很危险？我感谢医生们和朋友们，我似乎也觉得感谢自己的神经过敏！引为遗憾的也有二事：（一）赵清阁先生与我合写的《桃李春风》在渝上演，我未能去看。（二）家眷来渝，我也未能去迎接。我极想看到自己的妻与儿女，可是一度神经过敏教我永远不会粗心大意，我不敢冒险！

多鼠斋杂谈

老 舍

戒 酒

并没有好大的量，我可是喜欢喝两杯儿。因吃酒，我交下许多朋友——这是酒的最可爱处。大概在有些酒意之际，说话作事都要比平时豪爽真诚一些，于是就容易心心相印，成为莫逆。人或者只在"喝了"之后，才会把专为敷衍人用的一套生活八股抛开，而敢露一点锋芒或"谬论"——这就减少了我脸上的俗气，看着红扑扑的，人有点样子！

自从在社会上作事至今的廿五六年中，虽不记得一共醉过多少次，不过，随便的一想，便颇可想起"不少"次丢脸的事来。所谓丢脸者，或者正是给脸上增光的事，所以我并不后悔。酒的坏处并不在撒酒疯，得罪了正人君子——在酒后还无此胆量，未免就太可怜了！酒的真正的坏处是它伤害脑子。

"李白斗酒诗百篇"是一位诗人赠另一位诗人的夸大的谀赞。据我的经验，酒使脑子麻木、迟钝，并不能增加思想产物的产量。即使有人非喝醉不能作诗，那也是例外，而非正常。在我患贫血病的时候，每喝一次酒，病便加重一些；未喝的时候若患头"昏"，喝过之后便改为"晕"了，那妨碍我写作！

对肠胃病更是死敌。去年，因医治肠胃病，医生严嘱我戒酒。从去岁十月到如今，我滴酒未入口。

不喝酒，我觉得自己像哑吧了：不会嚷叫，不会狂笑，不会说话！啊，甚至于不会活着了！可是，不喝也有好处，肠胃舒服，脑袋昏而不晕，我便能天天写一二千字！虽然不能一口气吐出百篇诗来，可是细水长流的写小说倒也保险；还是暂且不破戒吧！

戒　烟

戒酒是奉了医生之命，戒烟是奉了法弊的命令。什么？劣如"长刀"也卖百元一包？老子只好咬咬牙，不吸了！

从廿二岁起吸烟，至今已有一世纪的四分之一。这廿五年养成的习惯，一旦戒除可真不容易。

吸烟有害并不是戒烟的理由。而且，有一切理由，不戒烟是不成。戒烟凭一点"火儿"。那天，我只剩了一支"华丽"。一打听，它又长了十块！三天了，它每天长十块！我把这一支吸完，把烟灰碟擦干净，把洋火放在抽屉里。我"火儿"啦，戒烟！

没有烟，我写不出文章来。廿多年的习惯如此。这几天，我硬撑！我的舌头是木的，嘴里冒着各种滋味的水，嗓门子发痒，太阳穴微微的抽着疼！——顶要命的是脑子里空了一块！不过，我比烟要更厉害些：尽管你小子给我以各样的毒刑，老子要挺一挺给你看看！

毒刑夹攻之后，它派来会花言巧语的小鬼来劝导："算了吧，也总算是个老作家了，何必自苦太甚！况且天气是这么热；要戒，等到秋凉，总比较的要好受一点呀！"

"去吧！魔鬼！咱老子的一百元就是不再买又霉、又臭、又硬、又伤天害理的纸烟！"

今天已是第六天了，我还撑着呢！长篇小说没法子继续写下去；谁管它！除非有人来说："我每天送你一包'骆驼'，或廿支'华福'，一直到抗战胜利为止！"我想我大概不会向"人头狗"和"长刀"什么的投降的！

戒　茶

我既已戒了烟酒而半死不活，因思莫若多加几种，爽性快快的死了倒也干脆。

谈再戒什么呢？

戒荤吗？根本用不着戒，与鱼不见面者已整整二年，而猪羊肉近来也颇疏远。还敢说戒？平价之米，偶尔有点油肉相佐，使我绝对相信肉食者"不鄙"！若只此而戒除之，则腹中全是平价米，而人也决变为平价人，可谓"鄙"矣！不能戒荤！

必不得已，只好戒茶。

我是地道中国人，咖啡、蔻蔻、汽水、啤酒，皆非所喜，而独喜茶。有一杯好茶，我便能万物静观皆自得。烟酒虽然也是我的好友，但它们都是男性的——粗莽，热烈，有思想，可也有火气——未若茶之温柔，雅洁，轻轻的刺激，淡淡的相依；茶是女性的。

我不知道戒了茶还怎样活着，和干吗活着。但是，不管我愿意不愿意，近来茶价的增高已教我常常起一身小鸡皮疙瘩！

茶本来应该是香的，可是现在卅元一两的香片不但不香，而且有一股子咸味！为什么不把咸蛋的皮泡泡来喝，而单去买咸茶呢？六十元一两的可以不出咸味，可也不怎么出香味，六十元一两啊！谁知道明天不就又长一倍呢！

恐怕呀，茶也得戒！我想，在戒了茶以后，我大概就有资格到西方极乐世界去了——要去就抓早儿，别把罪受够了再去！想想看，茶也须戒！

猫的早餐

多鼠斋的老鼠并不见得比别家的更多，不过也不比别处的少就是了。前些天，柳条包内，棉袍之上，毛衣之下，又生了一窝。

没法不养只猫子了，虽然明知道一买又要一笔钱，"养"也至少须费些平价米。

花了二百六十元买了只很小很丑的小猫来。我很不放心。单从身长与体重说，厨房中的老一辈的老鼠会一日咬两只这样的小猫的。我们用麻绳把咪咪拴好，不光是怕它跑了，而是怕它不留神碰上老鼠。

我们很怕咪咪会活不成的，它是那么瘦小，而且终日那么团着身哆哩哆嗦的。

人是最没办法的动物，而他偏偏爱看不起别的动物，替它们担忧。

吃了几天平价米和煮包谷，咪咪不但没有死，而且欢蹦乱跳的了。它是个乡下猫，在来到我们这里以前，它连米粒与包谷粒大概也没吃过。

我们总觉得有点对不起咪咪——没有鱼或肉给它吃，没有牛奶给它喝。猫是食肉动物，不应当吃素！

可是，这两天，咪咪比我们都要阔绰了；人才真是可怜虫呢！昨天，我起来相当的早，一开门咪咪骄傲的向我叫了一声，右爪按着个已半死的小老鼠。咪咪的旁边，还放着一大一小的两个死蛙——也是咪咪咬死的，而不屑于去吃，大概死蛙的味道不如老鼠的那么香美。

我怔住了，我须戒酒，戒烟、戒茶甚至要戒荤，而咪咪——会有两只蛙，一只老鼠作早餐！说不定，它还许已先吃过两三个蚱蜢了呢！

最难写的文章

或问：什么文章最难写？

答：自己不愿意写的文章最难写。比如说：邻居二大爷年七十，无疾而终。二大爷一辈子吃饭穿衣，喝两杯酒，与常人无异。他没立过功，没立过言。他少年时是个连模样也并不惊人的少年，到老年也还是个平平常常的老人，至多，我只能说他是个安分守己的好公民。可是，文人的灾难来了！二大爷的儿子——大学毕业，现在官居某机关科员——送过来讣文，并且诚恳的请赐挽词。我本来有两句可以赠给一切二大爷的挽词："你死了不能再见，想起来好不伤心！"可是我不敢用它来搪塞二大爷的科员少爷，怕他说我有意侮辱他的老人。我必须另想几句——近邻，天天要见面，假若我决定不写，科员少爷会恼我一辈子的。可是，老天爷，我写什么呢？

在这很为难之际，我真佩服了从前那些专凭作挽诗寿序挣吃饭的老文人了！你看，还以二大爷这件事为例吧，差不多除了扯谎，就简直没法写出一个字。我得说二大爷天生的聪明绝顶，可是还"别"说他虽聪明绝顶，而并没著过书，没发明过什么东西，和他在算钱的时候总是脱了袜子的。是的，我得把别人的长处硬派给二大爷，而把二大爷的短处一字不提。这不是作诗或写散文，而是替死人来骗活人！我写不好这种文章，因为我不喜欢扯谎。

在挽诗与寿序等而外，就得算"九一八"，"双十"与"元旦"什么的最难写了。年年有个元旦，年年要写元旦，有什么好写呢？每逢接到报馆为元旦增刊征文的通知，我就想这样回复："死去吧！省得年年教我吃苦！"可是又一想，它死了岂不又须作挽联啊？于是只好按住心头之火，给它拼凑几句——这不是我作文章，而是文章作我！说到这里，相应提出"救救文人！"的口号，并且希望科员少爷与报馆编辑先生网开一面，叫小子多活两天！

最可怕的人

我最怕两种人：第一种是这样的——凡是他所不会的，别人若会，便是罪过。比如说：他自己写不出幽默的文字来，所以他把幽默文学叫作文艺的脓汁，而一切有幽默感的文人都该加以破坏抗战的罪过。他不下一番工夫去考查考查他所攻击的东西到底是什么，而只因为他自己不会，便以为那东西该死。这是最要不得的态度，我怕有这种态度的人，因为他只会破坏，对人对己都全无好处。假若他作公务员，他便只有忌妒，甚至因忌妒别人而自己去作汉奸；假若他是文人，他便也只会忌妒，而一天到晚浪费笔墨，攻击别人，且自鸣得意，说自己颇会批评——其实是扯淡！这种人乱骂别人，而自己永不求进步；他污秽了批评，且使自己的心里堆满了尘垢。

第二种是无聊的人。他的心比一个小酒盅还浅，而面皮比墙还厚。他无所知，而自信无所不知。他没有不会干的事，而一切都莫名其妙。他的谈话只是运动运动唇齿舌喉，说不说与听不听都没有多大关系。他还在你正在工作的时候来"拜访"。看你正忙着，他赶快就说，不耽误你的工夫。可是，说罢便安然坐下了——两个钟头以后，他还在那儿坐着呢！他必须谈天气，谈空袭，谈物价，而且随时给你教训："有警报还是躲一躲好！"或是"到八月节物价还要涨！"他的这些话无可反驳，所以他会百说不厌，视为真理。我真怕这种人，他耽误了我的时间，而自杀了他的生命！

衣

对于英国人，我真佩服他们的穿衣服的本领。一个有钱的或善交际的英国人，每天也许要换三四次衣服。开会，看赛马，打球，跳舞……都须换衣服。据说：有人曾因穿衣脱衣的麻烦而自杀。我想这个自杀者并不是英国人。英国人的忍耐性使他们不会厌烦"穿"和"脱"，更不会使他们因此而自杀。

我并不反对穿衣要整洁，甚至不反对衣服要漂亮美观。可是，假若教我一天换几次衣服，我是也会自杀的。想想看，系纽扣解纽扣，是多么无聊的事！而纽扣又是那么多，那么不灵敏，那么不起好感，假若一天之中解了又系，系了再解，至数次之多，谁能不感到厌世呢！

在抗战数年中，生活是越来越苦了。既要抗战，就必须受苦，我决不怨天尤人。再进一步，若能从苦中求乐，则不但可以不出怨言，而且可以得到一些兴趣，岂不更好呢！在衣食住行人生四大麻烦中，食最不易由苦中求乐，菜根香一定香不过红烧蹄膀！菜根使我贫血；"狮子头"却使我壮如雄狮！

住和行虽然不像食那样一点不能将就，可是也不会怎样苦中生乐。三伏天住在火炉子似的屋内，或金鸡独立的在汽车里挤着，我都想掉泪，一点也找不出乐趣。

只有穿的方面，一个人确乎能由苦中找到快活。七七抗战后，由家中逃出，我只带着一件旧夹袍和一件破皮袍，身上穿着一件旧棉袍。这三袍不够四季用的，也不够几年用的。所以，到了重庆，我就添置衣裳。主要的是灰布制服。这是一种"自来旧"的布作成的，一下水就一蹶不振，永远难看。吴组缃先生名之为斯文扫地的衣服。可是，这种衣服给我许多方便——简直可以称之为享受！我可以穿着裤子睡觉，而不必担心裤缝直与不直；它反正永远不会直立。我可以不必先看看座位，再去坐下；我的宝裤不怕泥土污秽，它原是自来旧。雨天走路，我不怕汽车。晴天有空袭，我的衣服的老鼠皮色便是伪装。这种衣服给我舒适，因而有亲切之感。它和我好像多年的老夫妻，彼此有完全的了解，没有一点隔膜。我希望抗战胜利之后，还老穿着这种困难衣，倒不是为省钱，而是为舒服。

行

朋友们屡屡函约进城，始终不敢动。"行"在今日，不是什么好玩的事。看吧，从北碚到重庆第一就得出"挨挤费"一千四百四十元。所谓挨挤费者就是你须到车站去"等"，等多少时间？没人能告诉你。幸而把车等来，你还得去挤着买票，假若你挤不上去，那是你自己的无能，只好再等。幸而票也挤到手，你就该到车上去挨挤。这一挤可厉害！你第一要证明了你的确是脊椎动物，无论如何你都能直挺挺的立着。第二，你须证明在进化论中，你确是猴子变的，所以现在你才嘴手脚并用，全身紧张而灵活，以免被挤成像四喜丸子似的一堆肉。第三，你须有"保护皮"，足以使你全身不怕伞柄、胳臂肘、脚尖、车窗，等等的戳、碰、刺、钩；否则你会遍体鳞伤。第四，你须有不中暑发痧的把握，要有不怕把鼻子伸在有狐臭的腋下而不能动的本事……你须备有的条件太多了，都是因为你喜欢交那一千四百多元的挨挤费！

我头昏，一挤就有变成爬虫的可能，所以，我不敢动。

再说，在重庆住一星期，至少花五六千元；同时，还得耽误一星期的写作；两面一算，使我胆寒！

以前，我一个人在流亡，一人吃饱便天下太平，所以东跑西跑，一点也不怕赔钱。现在，家小在身边，一张嘴便是五六个嘴一齐来，于是嘴与胆子乃适成反比，嘴越多，胆子越小！

重庆的人们哪，设法派小汽车来接呀，否则我是不会去看你们的。你们还得每天给我们一千元零花。烟、酒都无须供给，我已戒了。啊，笑话是笑话，说真的，我是多么想念你们，多么渴望见面畅谈呀！

狗

中国狗恐怕是世界上最可怜最难看的狗。此处之"难看"并不指狗种而言，而是与"可怜"密切相关。无论狗的模样身材如何，只要喂养得好，它便会长得肥肥胖胖的，看着顺眼。中国人穷。人且吃不饱，狗就更提不到了。因此，中国狗最难看；不是因为它长得不体面，而是因为它骨瘦如柴，终年夹着尾巴。

每逢我看见被遗弃的小野狗在街上寻找粪吃，我便要落泪。我并非是爱作伤感的人，动不动就要哭一鼻子。我看见小狗的可怜，也就是感到人民的贫穷。民富而后猫狗肥。

中国人动不动就说：我们地大物博。那也就是说，我们不用着急呀，我们有的是东西，永远吃不完喝不尽哪！哼，请看看你们的狗吧！

还有：狗虽那么摸不着吃（外国狗吃肉，中国狗吃粪；在动物学上，据说狗本是食肉兽），那么随便就被人踢两脚，打两棍，可是它们还照旧的替人们服务。尽管它们饿成皮包着骨，尽管它们刚被主人踹了两脚，它们还是极忠诚的去尽看门守夜的责任。狗永远不嫌主人穷。这样的动物理应得到人们的赞美，而忠诚、义气、安贫、勇敢，等等好字眼都该归之于狗。可是，我不晓得为什么中国人不分黑白的把汉奸与小人叫作走狗，倒仿佛狗是不忠诚不义气的动物。我为狗喊冤叫屈！

猫才是好吃懒作，有肉即来，无食即去的东西。洋奴与小人理应被叫作"走猫"。

或者是因为狗的脾气好，不像猫那样傲慢，所以中国人不说"走猫"而说"走狗"？假若真是那样，我就又觉得人们未免有点"软的欺，硬的怕"了！

不过，也许有一种狗，学名叫作"走狗"；那我还不大清楚。

帽

在七七抗战后，从家中跑出来的时候，我的衣服虽都是旧的，而一顶呢帽却是新的。那是秋天在济南花了四元钱买的。

廿八年随慰劳团到华北去，在沙漠中，一阵狂风把那顶呢帽刮去，我变成了无帽之人。假若我是在四川，我便不忙于去再买一顶——那时候物价已开始要张开翅膀。可是，我是在北方，天已常常下雪，我不可一日无帽。于是，在宁夏，我花了六元钱买了一顶呢帽。在战前它公公道道的值六角钱。这是一顶很顽皮的帽子。它没有一定的颜色，似灰非灰，似紫非紫，似赭非赭，在阳光下，它仿佛有点发红，在暗处又好似有点绿意。我只能用"五光十色"去形容它，才略为近似。它是呢帽，可是全无呢意。我记得呢子是柔软的，这顶帽可是非常的坚硬，用指一弹，它咣咣的响。这种不知何处制造的硬呢会把我的脑门儿勒出一道小沟，使我很不舒服；我须时时摘下帽来，教脑袋休息一下！赶到淋了雨的时候，它就完全失去呢性，而变成铁筋洋灰的了。因此，回到重庆以后，我总是能不戴它就不戴；一看见它我就有点害怕。因为怕它，所以我在白象街茶馆与友摆龙门阵之际，我又买了一顶毛织的帽子。这一顶的确是软的，软得可以折起来，我很高兴。

不幸，这高兴又是短命的。只戴了半个钟头，我的头就好像发了火，痒得很。原来它是用野牛毛织成的。它使脑门热得出汗，而后用那很硬的毛儿刺那张开的毛孔！这不是戴帽，而是上刑！

把这顶野牛毛帽放下，我还是得戴那顶铁筋洋灰的呢帽。经雨淋、汗沤、风吹、日晒，到了今年，这顶硬呢帽不但没有一定的颜色，也没有一定的样子了——可是永远不美观。每逢戴上它，我就躲着镜子；我知道我一看见它就必有斯文扫地之感！

前几天，花了一百五十元把呢帽翻了一下。它的颜色竟自有了固定的倾向，全体都发了红。它的式样也因更硬了一些而暂时有了归宿，它的确有点帽子样儿了！它可是更硬了，不留神，帽沿碰在门上或硬东西上，硬碰硬，我的眼中就冒了火花！等着吧，等到抗战胜利的那天，我首先把它用剪子铰碎，看它还硬不硬！

昨天

昨天一整天不快活。老下雨，老下雨，把人心都好像要下湿了！

有人来问往哪儿跑？答以：嘉陵江没有盖儿。邻家聘女。姑娘有二十二三岁，不难看。来了一顶轿子，她被人从屋中掏出来，放进轿中；轿夫抬起就走。她大声的哭。没有锣鼓。轿子就那么哭着走了。看罢，我想起幼时在鸟市上买鸟。贩子从大笼中抓出鸟来，放在我的小笼中，鸟尖锐的叫。

黄狼夜间将花母鸡叼去。今午，孩子们在山坡后把母鸡找到。脖子上咬烂，别处都还好。他们主张还炖一炖吃了。我没拦阻他们，乱世，鸡也该死两道的。

头总是昏。一友来，又问："何以不去打补针？"我笑而不答，心中很生气。

正写稿子，友来。我不好让他坐。他不好意思坐下，又不好意思马上就走。中国人总是过度的客气。

友人函告某人如何，某事如何，即答以："大家肯把心眼放大一些，不因事情不尽合己意而即指为恶事，则人世纠纷可减半矣！"发信后，心中仍在不快。

长篇小说越写越不像话，而索短稿者且多，颇郁郁！

晚间屋冷话少，又戒了烟，呆坐无聊，八时即睡。这是值得记下来的一天——没有一件痛快事！在这样的日子，连一句漂亮的话也写不出！为什么我们没有伟大的作品哪？哼，谁知道！

傻子

在民间的故事与笑话里，有许多许多是讲兄弟三个，或姐妹三个，或盟兄弟三个，或女婿三个；第三个必定是傻子，而傻子得到最后的胜利。据说这种结构的公式是世界性的，世界各处都有这样的故事与笑话。为什么呢？因为人们是同情于弱者的。三弟三妹三女婿既最幼，又最傻，所以必须胜利。

和许多别种民间故事与笑话的含义一样，这种同情弱者的表示可也许是"夫子自道也"，这就是说：人民有一肚子委屈而无处去诉，就只好想象出一位"臣包文正"，或北侠欧阳春来，给他们撑一撑腰，吐一口气。同样的，他们制造出弱者胜利的故事与笑话，也是为了自慰；故事与笑话中的傻子就是他们自己。他们自己既弱且愚，可是他们讽刺了那有势力，有钱财，与有学问的人，他们感到胜利。

可是，这种讽刺的胜利到底是否真正的胜利，就不大好说。假若胜利必须是精神上的呢，他们大概可以算得了胜。反之，精神胜利若因无补于实际而算不得胜利，那就不大好办了。

在我们的民间，这种傻子胜利的故事与笑话似乎比哪一国都多。我不知道，我应当庆祝他们已经得到胜利，还是应当把我的"怪难过的"之感告诉给他们。

旅美观感

老 舍

我是第一次来到美国，到现在止，我只到过四个美国的大城市：西雅图、芝加哥、华盛顿和纽约。今天，就我初到美国所见所闻的感想，向各位作一个简短的报告。

在芝加哥停留四天，我感到美国人非常热情，和蔼，活泼，可爱。有一天在华盛顿的街上，我向一位妇女问路，她立刻很清楚地告诉我，当我坐进汽车，关上车门，快要开车的时候，她还极恳切地嘱咐司机，要司机好好替我开到目的地。

我也遇见曾经到过中国的美国教授、士兵和商人。这些人对于中国的印象都很好，他们都说喜欢中国人，仍然想回到中国。我们不要听到这种话就"受宠若惊"，我们应该了解我们自己也是世界人，我们也是世界的一环，我们必须要使美国朋友们能够真正了解我们的老百姓了解我们的文化。在今天，许多美国人所了解的不是今日的中国人，而是千百年前唐宋时代的中国人，他们对于唐诗、宋词都很欣赏。但是我也曾看见一位研究中国古画的画家，在他的作品中，有一幅画，他把中国的长城画到黄河以南来了，实在令人可笑。

中美两国都有爱好和平的精神，中美两国实在应该联合起来。不过，要请各位注意的，我所说的联合起来是没有政治意义的，只是说中美两国的文化要联合起来，发扬两国人民爱好和平的精神。

我们对外的宣传，只是着重于政治的介绍，而没有一个文化的介绍，我觉得一部小说与一部剧本的介绍，其效果实不亚于一篇政治论文。过去我们曾经向美国介绍我国宋词、康熙瓷瓶，这最多只是使美国人知道我们古代在文学艺术上的成就，但却不能使他们了解今日中国文化情形。我觉得中国话剧在抗战期间实在有成就，并不是拿不出的东西，这些话剧介绍给美国，相信一定会比宋词、康熙瓷瓶更有价值，更受欢迎。

最后，要告诉各位的，是不要以为美国人的生活是十分圆满的，在美国全国也有许多困难的问题，比如劳资纠纷，社会不安。我们也要研究他们社会不安的原因，作为改进我们自己社会不景现象的参考。我们不要过分重视别人，轻视自己，也不要过分重视自己，轻视别人。

纽约书简

老 舍

祖光兄：

今天（六月五日）接到赐寄的《清明》创刊号一册。远在异国，得见诸友著作，快何如也！弟与曹禺兄从三月二十日抵西雅图，至今未得闲散，故尚未克执笔略述游美见闻，如离沪时诸友所嘱望者，甚歉！到美之前，即决定以"杀车法"应付一切，以免开足马力，致心身交败，美人生活以"忙"著名，而弟等身体如重庆之旧汽车，必有吃不消者。但双脚一践美土，"刹车"即不大灵，如小鱼落急流中身不由己，欲慢而不能，遂亦随遇而安，且战且走，每每头昏眼花。

由西雅图，到华盛顿，再到纽约，一路走马看花，已共看了两次舞剧，三次广播剧，两次音乐剧，和八次话剧，曹禺兄看的更是多一些。在我看，美国的戏剧，在演技与设备上，是百老汇胜于他处，但在思想上，和尝试上，各处却胜于百老汇。百老汇太看重钱。至于演技与剧本，虽然水准相当的高，可并无惊人之处。老实说，中国话剧，不论在剧本上还是在演技上，已具有了很高的成就。自然我们还有许多缺陷，但是假若我们能有美国那样的物质条件，与言论自由，我敢说：我们的话剧绝不弱于世界上任何人。很忙，不能多写；请把上面这句话告诉剧界诸友，请他们继续努力前进吧！

匆匆祝好

丁聪兄不另。

弟老舍启

六·五纽约

136

由三藩市到天津

老 舍

到三藩市（旧金山）恰好在双十节之前，中国城正悬灯结彩，预备庆贺。在我们侨胞心里，双十节是与农历新年有同等重要的。

常听人言：华侨们往往为利害的，家族的，等等冲突，去打群架，械斗。事实上，这已是往日的事了；为寻金而来的侨胞是远在1850年左右；现在，三藩市的中国城是建设在几条最体面，最重要的大街上，侨胞们是最守法的公民；械斗久已不多见。

可是，在双十的前夕，这里发生了斗争，打伤了人。这次的起打，不是为了家族的，或私人间利害的冲突，而是政治的。

青年们和工人们，在双十前夕，集聚在一堂，挂起金星红旗，庆祝新中国的诞生。这可招恼了守旧的，反动的人们，就派人来捣乱。红旗被扯下，继以斗殴。

双十日晚七时，中国城有很热闹的游行。因为怕再出事，五时左右街上已布满警察。可惜，我因有个约会，没能看到游行。事后听说，游行平安无事；队伍到孙中山先生铜像前致敬，并由代表们献剑给蒋介石与李宗仁，由总领事代收。

全世界已分为两大阵营，美国的华侨也非例外：一方面悬起红旗，另一方面献剑给祸国殃民的匪酋。

在这里，我们应当矫正大家常犯的一个错误——华侨们都守旧，落后。不，连三藩和纽约，都有高悬红旗，为新中国欢呼的青年与工人。

就是在那些随着队伍，去献剑的人们里，也有不少明知蒋匪昏暴，而看在孙中山先生的面上，不好不去凑凑热闹的。另有一些，虽具有爱国的高度热诚，可是被美国的反共宣传所惑于是就很怕"共产"。

老一辈的侨胞，能读书的并不多。晚辈们虽受过教育，而读不到关于中国的英文与华文书籍。英文书很少，华文书来不到。报纸呢（华文的）又多被二陈所控制，信意的造谣。这也就难怪他们对国事不十分清楚了。

纽约的《华侨日报》是华文报纸中唯一能报道正确消息的，我们应多供给它资料——特别是文艺与新政府行政的纲领与实施的办法。此外，也应当把文艺图书、刊物，多寄去一些。

10月13号开船。船上有二十二位回国的留学生。他们每天举行讨论会，讨论回到祖国应如何服务，并报告自己专修过的课程，以便交换知识。

同时，船上另有不少位回国的人，却终日赌钱，打麻将。

船上有好几位财主，都是菲律宾人。他们的服饰，比美国阔少的更华丽。他们的浅薄无知，好玩好笑，比美国商人更俗鄙。他们看不起中国人。

18日到檀香山。论花草，天气，风景，这真是人间的福地。到处都是花。街上，隔不了几步，便有个卖花人，将栀子、虞美人等香花织成花圈出售；因此，街上也是香的。

这里百分之四十八是日本人，中国人只占百分之二十以上，这里的经济命脉却在英美人手里。这里，早有改为美国的第四十九州之议，可是因为东方民族太多了，至今未能实现。好家伙，若选出日本人或中国人作议员，岂不给美国丢人。

27日到横滨。由美国军部组织了参观团，船上搭客可买票参加，去看东京。

只有四五个钟头，没有看见什么。自横滨到东京，一路上原来都是工业区。现在，只见败瓦残屋，并无烟筒；工厂都被轰炸光了。

路上，有的人穿着没有一块整布的破衣，等候电车。许多妇女，已不穿那花狸狐哨的长衣，代替的是长裤短袄。

在东京，人们的服装显着稍微整齐，而仍掩蔽不住寒伧。女人们仍有穿西服的，可是鞋袜都很破旧。男人们有许多还穿着战时的军衣，戴着那最可恨的军帽——抗战中，中国的话剧中与图画中最习见的那凶暴的象征。

日本的小孩儿们，在战前，不是脸蛋儿红扑扑的好看么？现在，他们是面黄肌瘦。被绞死的战犯只获一死而已；他们的遗毒余祸却殃及后代啊！

由参观团的男女领导员（日本人）口中，听到他们没有糖和香蕉吃——因为他们丢失了台湾！其实，他们所缺乏的并不止糖与香蕉。他们之所以对中国人单单提到此二者，倒许是为了不忘情台湾吧？

31日到马尼拉。这地方真热。

大战中打沉了的船还在海里卧着，四围安着标帜，以免行船不慎，撞了上去。

岸上的西班牙时代所建筑的教堂，及其他建筑物，还是一片瓦砾。有城墙的老城完全打光。新城正在建设，还很空旷，看来有点大而无当。

本不想下船，因为第一，船上有冷气设备，比岸上舒服。第二，听说菲律宾人不欢喜中国人；税吏们对下船的华人要搜检每一个衣袋，以防走私。第三，菲律宾正要选举总统，到处有械斗，受点误伤，才不上算。

可是，我终于下了船。

在城中与郊外转了一圈，我听到一些值得记下来的事：前两天由台湾运来大批的金银。这消息使我理会到，蒋介石虽在表面上要死守台湾，可是依然不肯把他的金银分给士兵，而运到国外来。据说，菲律宾并没有什么工业；那么，蒋自己的与他的走狗的财富，便可以投资在菲律宾；到台湾不能站脚的时候，便到菲律宾来作财阀了。依最近的消息，我这猜测是相当正确的。可是，我在前面说过，菲律宾人并不喜欢中国人。其原因大概是因为中国人的经营能力强，招起菲律宾人的忌妒。那么，假若蒋匪与他的匪帮都到菲律宾去投资，剥削菲人，大概菲人会起来反抗的。一旦菲人起来反抗，那些在菲的侨胞便会吃挂误官司。蒋匪真是不祥之物啊！

舟离日本，遇上台风，离马尼拉，再遇台风。两次台风，把我的腿又搞坏。到香港十一月四日我已寸步难行。

等船，一等就是二十四天。

在这二十四天里，我看见了天津帮、山东帮、广东帮的商人们，在抢购抢卖抢运各色的货物。室内室外，连街上，入耳的言语都是生意经。他们庆幸虽然离弃了上海天津青岛，而在香港又找到了投机者的乐园。

遇见了两三位英国人，他们都稳稳当当的说：非承认新中国不可了。谈到香港的将来，他们便微笑不言了。

一位美国商人告诉我："我并不愁暂时没有生意；可虑的倒是将来中外贸易的路线！假若路线是走'北'路，我可就真完了！"

我可也看见了到广州去慰劳解放军的青年男女们。他们都告诉我："他们的确有纪律、有本事、有新的气象！我们还想再去！"

好容易，我得到一张船票。

不像是上船，而像一群猪入圈。码头上的大门不开，而只在大门中的小门开了一道缝。于是，旅客、脚行、千百件行李，都要由这缝子里钻进去。嚷啊、挤啊、查票啊，乱成一团。"乐园"吗？哼，这才真露出殖民地的本色。花钱买票，而须变成猪！这是英国轮船公司的船啊！

挤进了门，印度巡警检查行李。给钱，放行。不出钱，等着吧！那黑大的手把一切东西都翻乱，连箱子再也关不上。

一上船，税关再检查。还得递包袱！

28日夜里开船。船小（二千多吨），浪急，许多人晕船。为避免遭遇蒋家的炮舰，船绕行台湾外边，不敢直入海峡。过了上海，风越来越冷，空中飞着雪花。许多旅客是睡在甲板上，其苦可知。

12月6日到仁川，旅客一律不准登岸，怕携有共产党宣传品，到岸上去散放。美国防共的潮浪走得好远啊，从三藩市一直走到朝鲜！

9日晨船到大沽口。海河中有许多冰块，空中落着雪。离开华北已是14年，忽然看到冰雪，与河岸上的黄土地，我的泪就不能不在眼中转了。

因为潮水不够，行了一程，船便停在河中，直到下午一点才又开动；到天津码头已是掌灯的时候了。

税关上的人们来了。一点也不像菲律宾和香港的税吏们，他们连船上的一碗茶也不肯喝。我心里说：中国的确革新了！

我的腿不方便，又有几件行李，怎么下船呢？幸而马耳先生也在船上，他奋勇当先的先下去，告诉我："你在这里等我，我有办法！"还有一位上海的商人，和一位原在复旦，现在要入革大的女青年，也过来打招呼："你在这里等，我们先下去看看。"

茶房却比我还急："没有人来接吗？你的腿能走吗？我看，你还是先下去，先下去！我给你搬行李！"经过这么三劝五劝，我把行李交给他，独自慢慢扭下来；还好，在人群中，我只跌了"一"跤。

检查行李是在大仓房里，因为满地积雪，不便露天行事。行李，一行行的摆齐，丝毫不乱；税务人员依次检查。检查得极认真。换钱——旅客带着的外钞必须在此换兑人民券——也是依次而进，秩序井然，谁说中国人不会守秩序！有了新社会，才会有新社会秩序呀！

又遇上了马耳和那两位青年。他们扶我坐在衣箱上，然后去找市政府的交际员。找到了，两位壮实，温和，满脸笑容的青年。他们领我去换钱，而后代我布置一切。同时，他们把我介绍给在场的工作人员，大家轮流着抽空儿过来和我握手，并问几句美国的情形。啊，我是刚入了国门，却感到家一样的温暖！在抗战中，不论我在哪里，"招待"我的总是国民党的特务。他们给我的是恐怖与压迫——他们使我觉得我是个小贼。现在，我才又还原为人，在人的社会里活着。

141

检查完，交际员们替我招呼脚行，搬运行李，一同到交际处的招待所去。到那里，已是夜间十点半钟；可是，滚热的菜饭还等着我呢。

　　没能细看天津，一来是腿不能走，二来是急于上北京。但是，在短短的两天里，我已感觉到天津已非旧时的天津；因为中国已非旧时的中国。更有滋味的是未到新中国的新天津之前，我看见了那渐次变为法西斯的美国，彷徨歧路的菲律宾，被军事占领的日本，与殖民地的香港。从三藩市到天津，即是从法西斯到新民主主义，中间夹着这二者所激起的潮浪与冲突。我高兴回到祖国来，祖国已不是半殖民地半封建的国家，而是崭新的，必能领导全世界被压迫的人民走向光明、和平、自由与幸福的路途上去的伟大力量！

百年中國記憶
BAINIAN
ZHONGGUO
JIYI

第四辑

已是近黄昏：人民艺术家

与齐白石的一段交往

刃　锋

缘　起

著名文学家老舍，是一位具有深厚的民族文化基础而又兴趣广泛、知识渊博的作家。他对戏曲、音乐、绘画都很爱好，对中国画更特别欣赏，而对白石老人八十岁以后所作的画简直可说是爱之入迷。老舍与齐白石，一个是作家，一个是画家；一位是当代的语言大师，一位是当代的艺术巨匠。二位互相倾慕已久。老舍新中国成立初期从美国回国后主持了北京市文联工作，他与白石老人自1950年5月召开的北京市第一次文代会上相遇后，就经常去看望老人，日子一长，二位也就成了契友。

1951年春，有一天老舍来到市文联（霞公府15号）。在东跨院楼下主席办公室写字台前坐下，便和我聊起，北京有些国画家，新中国成立以后生活很困难，看看想点什么办法帮助他们解决目前的生活问题。我便提出自己的设想说：“可不可以把他们组织起来，发挥他们的一技之长，以求自救。当然市文联从团结他们出发，四时八节给他们送点礼，发点救济金，是应该的，但也只能解决他们暂时的问题，从长远看还是组织起来，按照他们自己的能力就业自救，是否比较可行？"

老舍沉吟了一会儿，"噢"了一声，说："现在我们正在搞社会主义宣传教育。有些国画家的画路很窄，有的一辈子只会画梅花，有的只会画老虎，有的专攻山水，有的只能画仕女。要他们画现代人物，那可就不行了。因之，这类画家的出路十分困难，而他们却三天两头来求我。他们听说我喜爱白石老人的画，便源源不断地把白石老人的画送到我家里来求我收藏。开始盛情难却，我也就收买了一些。日子长了，人来多了，真的假的都拿来了，而我也就应酬不暇了，有些画我也分辨不出真假来。我只好去请白石老人过目，由老人自己鉴定。其中有一幅紫藤蜜蜂，老人看了又看，说这是他八十以后的作品，并且又重新在画上题了字，并署上白石重见旧作的款识。"老舍又说："将来可以成立一个国画研究会，吸收这些国画家参加，也可以组织他们搞点工艺美术产品，像画书签、灯片等。"

这以后，老舍驱车去西城跨车胡同看白石老人，时常约我同行，当时我也乐意随同去拜访白石老人。

初夏相见

记得我第一次随同老舍去拜访白石老人的时候，是1951年初夏的一天上午。齐府上看门的那个黄面皮的老头以及服侍老人的中年女看护，看到老舍是熟客，便把我们一直领到白石老人的客厅。白石老人见我是一位生客，便问："老舍，这位先生是谁？"老舍即刻介绍说："这是我们市文联的一位木刻家、画家刀锋同志，他多年从事木刻和绘画。"老人接着问道："是不是雕花细木活？"老舍解释道："不是。他是把画稿画在木板上，雕刻出来，然后再把它拓印出来，叫作木刻版画。他与您老年轻时候所从事的细木雕花活可不一样。这是一门新兴的艺术。"老人听了，注意地看着我，微微地点点头，"啊、啊"几声。

白石老人很高兴，他把挂在裤带上的那一大串钥匙拿出来，打开橱柜，取出一只匣子，把点心从中拿出来，然后放在一只瓷盘里招待我们。这时老舍低声示意我说："老人拿出来请你吃的东西，你要吃，不吃他会不高兴的。"于是我顺手拿了一块饼干放进口中，大概时间久了，饼干已经变硬了，咯嘣一下才咬动。老舍带来几幅画，有残荷蜻蜓、牵牛、墨蟹等，请老人鉴定是不是他七十以后的作品。老人一一仔细看了，有几幅，老人说是他画的，也有一两幅老人指出是别人代画的。鉴定完作品之后，老舍对白石老人说："老人，您的画不但咱们中国人喜欢，外国朋友也十分喜欢，他们对您也非常仰慕。新中画成立了，您的画也受到了国家的尊重，再也用不着到处奔波了。将来国家还要把您的杰作收藏到国家博物馆里，好好保存起来，流传后世哩。"老人听了高兴地说："知我者，老舍先生也。你是我的知音，我非常感谢你对我的友情。老舍先生，我要向你磕头。"老舍哈哈一笑，接着对老人说："找一个天气好的时候，我约老人去中山公园的来今雨轩喝茶，吃点小吃。改天我用车子来接您去，您可以去吗？"老人嘻嘻笑道："好好，我从命。"

初秋相见

1951年初秋的一天上午，我去看老舍。一进客厅，一阵花的幽香扑鼻而来，真可谓沁人心脾也。我问了一声："舒先生在家吗？"老舍便从西边的书房兼卧室里走了出来。他手上还捏着几张稿纸。我在他对面的沙发上坐下，老舍指着手里的稿纸对我说："我正在给白石老人寻找画题，刚巧我在阅读苏曼殊的诗词，顺便摘录了几段，你看看选得如何？"我接过手来一看，原来那上面是节录下来的一些诗句。如："凄风苦雨更宜秋"；"芭蕉叶卷抱秋花"；"手捧红樱拜美人"；"几度寒梅带雪红"；"蛙声十里出山泉"。我读了之后，觉得这几句诗选得很有意思，不一般化。我诙谐地说："你这几道题，也是对白石老人的一场考试哩！"老舍哈哈一笑道："这个难不倒白石老人，老人不仅是个画家，还是一位诗翁哩！"

几天后的一天上午，我和老舍一同乘车去看望白石老人。不一会儿，汽车开到了胡同口，我们下了车，沿着胡同来到白石老人的家门前，叫开了铁门，便向后进正厅走去。这儿坐北朝南的一敞三间房，东面是老人的卧室，中间和西边的通间是老人的客厅兼画室。这时只见白石老人正站立在画案一边悬肘作画，周围是他的女弟子们，当时有胡絜青、郭秀仪、张容玲、郭肖清等。此外还有一位中年男子，正在给白石老人理纸，他是李可染。老人戴上双重眼镜，正聚精会神地画一幅写意樱桃，樱桃画得既水灵又透亮。托放樱桃的圆盘似粗笔蘸墨一挥而就，显得雄浑有力。李可染看出这是一幅佳作，便对老人说："老师，这幅画给我了。"老人透过镜片抬头望了一眼未说话，便又着手画第二幅梨花春意图了。刚画完，郭秀仪接着便说："老师这幅画我要了。"不大工夫，老人画了四五幅画，都为在场的弟子们收藏去了。

这时老人开始休息，他坐在躺椅上一面休息，一面和老舍说话。老舍坐在靠近老人的一边，从口袋里掏出那张摘录的诗笺，并从西服里兜取出一叠人民币送到老人面前，乐呵呵地说："老人，这是我刚收到的一笔稿费四十万（折合改币后的四十元），请老人喝茶买点心吃。另外我还摘录了几段诗句，求老人画几幅诗意画哩！"白石老人接过诗来，通篇看了之后连声说："好！好！老舍先生，你非常有眼力，选的几句妙极了。诗中都寓意着很生动的画境，我一定好好地琢磨。"老人一面看，一面低吟道："'凄风苦雨更宜秋'，这个'秋'字是诗眼，我要把这个'秋'字托出来。'蛙声十里出山泉'，这幅画可不好落，首先要把这蛙声十里画出来全盘才活。画是无声的诗，但要表达出画本无声胜有声，才有意思，这是个绝活。"再往下看，老人说道："'芭蕉叶卷抱秋花'，这句诗巧，诗的本身就是一幅画。'几度寒梅带雪红'……"看到这里，老人已有几分倦意，也渐渐迷糊了。老人靠在躺椅上闭目养神，一会儿，便鼾声如雷地入睡了。这时已近中午，为了让老人好好休息，我们便悄悄告别了白石老人的画室，登车返回了。

还是秋天

　　北京的秋天瑰丽宜人。一天上午，我正在群众艺术馆的三楼（文联宿舍）里关着门作画。忽而仿佛听到手杖有节奏地撞击楼梯的咚咚声，而这声音已渐渐地接近我的房间。我立刻搁下笔开门迎出去，原来是老舍先生，挂着手杖一步步地朝我这边来了。我笑着说："舒先生今天怎么得闲出来走走？"老舍说："在书斋里待腻了，便想出来走走，看看老朋友嘛！"我说："请您坐下歇歇。"老舍坐在我的转椅上，转过身来，正对着墙上晾着那几幅马。老舍端详了一会，指着画对我说："刃锋，你何必画悲鸿的马，悲鸿自己画的马四条腿也未安排得当；诚如郑振铎所说的，'悲鸿的马总是三条腿，总是有一条腿画不好。'"我听了老舍的批评，便为自己辩解说："我是在练工笔，也不是专学徐先生的马。我不是也在学习白石老人的用笔用墨吗？"我便从桌上翻出几幅画，一幅是葡萄，一幅是棕榈小鸡，一幅是残荷。这是我照着不久前从荣宝斋经理侯恺那里借来的几幅齐白石原作临的。老舍看着画说："你这几张临得要比那马画得好。还是多向白石老人求教，老人功力深，差不多画了六七十年，向这样一位老画家借鉴求教是非常难得的，这比你闭门画马要有意义得多了。"老舍停了一会儿又问道："端木在家吗？"我说："在，他未出去，就在我的隔壁。"于是我们便走进端木蕻良的房间里。

端木正在书案前写京剧剧本，桌上堆放着许多参考资料。老舍对端木说："我今天特意来看看你和刃锋这两位老朋友，大家碰碰面聊聊天。"老舍告诉我们，今天早晨白石老人的女看护给他打了个电话，说是老人在家发脾气，这几天又吃得不好，又没有人来看他，他在家里生气。老舍接到电话之后，便给文联挂了个电话，叫秘书在萃华楼订了一个房间一桌菜，约白石老人来萃华楼便餐。老舍对我们说："一会儿咱们一起到东安市场萃华楼去吃饭，人不多，就咱们几个人。主要是请白石老人，请你们二位也去作陪。"于是我和端木、老舍三人一路走，一路聊天，不知不觉地已经到了东安市场，来到萃华楼后院预订的那个包间。老舍是主人，作陪的除我们两人外，还有文联副秘书长王松声、胡絜青大姐以及老舍的小女儿舒立。不大一会儿，文联的汽车把白石老人接来了，陪同老人来的还有那位中年女看护。大家围坐在一张大圆桌的周围。白石老人坐在首席上，着一件中式玄色长袍，手持朱漆拐杖，鹤发银须，颇有点儿仙风道骨之感。

老舍首先说："今天我们特地约几位朋友来请老人小聚，在座的有作家、画家、戏剧家，他们都景仰老人的艺术。还有一层意思，作为我对老人为我作画的感谢，让我们大家一起为老人健康长寿而干杯！"老舍举起酒杯，大家一同起身举杯向老人敬酒，老人也站起身来举起酒杯呷了一口，便说："老舍先生，我要特别感谢你，我要向你磕头。"逗得大家哈哈大笑。老舍十分尊重白石老人，老人也非常尊重老舍先生，他把老舍看成是知音。老人常说的一句话："老舍先生，我要向你磕头。"这表示老人的感激之情。

老人已九十二高龄了，然而他的视力、听觉都很好，对于常去看他的人大多都能认识。老人臼齿也很好，在这次的筵席上，老人特别爱吃松鼠鱼。松鼠鱼做得外焦里嫩，老人吃得很香，连胡须都沾上了油汁。老人是湖南人，很爱吃点辣味，对萃华楼的名菜芙蓉里脊也很感兴趣。饭后喝了点茶，端木和松声有点事先走了。最后由老舍用汽车送白石老人回跨车胡同。

我们尾随着老人一同走进客厅，白石老人很高兴地从画案下的抽屉里取出一卷画来，展卷一览，则别有一番风味。第一幅是"芭蕉叶卷抱秋花"。画面上是一株硕大的芭蕉，层层叶片有规律地卷抱着一枝尚未开放的黄色花蕾。章法简洁有韵致。老人指着画说："老舍先生出的这个题在'卷'字上，使我感到为难了，但不知芭蕉是向左卷还是向右卷。后来经过我仔细地观察，原来芭蕉是向着日光的方向卷，于是我得到了启发，终于把'卷'字和'抱'字画出来了。"第二幅是"凄风苦雨更宜秋"。画面上是一幅秋江烟雨图。风把柳叶推到一侧，在绵绵的秋雨中一只小舟逆着风雨缓缓地驶去，老人用他特有的笔法和线条，把诗中的意境烘托出来了。第三幅是"手捧红樱拜美人"。老人画了一只长颈花瓶，白底黑花，瓶的正面画着一条昂首挺胸张牙舞爪的墨龙。瓶口插上一束盛开的折枝樱桃花，右下方是一只圆盘，盛着满满的樱桃。盘托是用粗笔蘸墨画的，真可谓诗传画意、画解诗神了。老舍看了满意地连连叫："好！好！"一般的画家作画多半求熟，而老人却求意。白石老人琢磨出来的画，使你越看越觉得有味儿。又一幅"几度寒梅带雪红"，是四尺整纸的，白石老人善于在大的尺幅上发挥他的气势，并且处理得浓淡疏密相宜。这是一幅雪梅，在老干和交叉枝上落着厚厚的积雪，在积雪和枝干的下面，突出一枝怒放的红梅，不由得使你联想到梅雪争春的诗句来，诚可谓诗中有画，画中有诗也。最后拿出来的是一张四尺对开的条幅"蛙声十里出山泉"。白石老人略带几分得意地说："老舍先生，你选的这句诗，我思索了好几天，不但要画出蛙还得画出声音来。画，古人说是无声的诗。我怎样从画面上画出声音来？还得有十里之遥，这可难倒我了。最后我悟出道理来了，我用蘸墨湿笔，画出两山之间的一道流泉，倾泻而下，势如奔马，何止十里！一群蝌蚪顺流而下，在泉中嬉戏，这儿你不是也可以听到青蛙妈妈在召唤它的子女的呱呱声么！"老人兴致勃勃地谈论他的创作思想，老舍聚精会神地听。听到精彩处，老舍情不自禁地伸出大拇指称赞道："高！老人的见解高！这句诗给您画活了！"

老舍剪影

沈彭年

柿　子

在奶子府这座静谧的小庭院里，春秋佳日颇有些花木之盛，可是怀念起它的主人来，联想到的往往不是金秋时节盆盎中的色色菊花。主人是感情炽热的人，同"悠然见南山"之类的情趣似乎无涉；也联想不上庭院主人精心扦插的"夕华朝拾"的昙花，他的不少传世之作生命力是强劲的，《四世同堂》即是一证。

怀念老舍先生时，常常想到的是庭院中深秋时节挂起朱红果实的那株柿树，在京城的晴空之下，这树是丰稔的象征，是奉献的象征，象征着作家年年都要在他的创作之树上结下累累硕果。我从少年时代就读过老舍的作品，当然，容易结交成为朋友的是小坡、牛天赐这些"同龄人"；然而，对"哲学家"老张、可爱的祥子与虎妞儿等活灵活现的人物形象也不无感受。

三十年代、四十年代之际，上海有一家万象书局印行过一套当代二十位作家的小说选集，鲁迅、丁玲、王统照、张天翼、叶绍钧、冰心、沈从文诸家各有一集。老舍先生的短篇，大多是从他那一集中拜读的。他那时不过是

"人到中年"吧，写作的果实已是累累于枝头了。新中国成立之初，先生应党的召唤由海外归来，你看，《龙须沟》《春华秋实》《茶馆》《女店员》《神拳》《全家福》《方珍珠》等这么多的剧本问世了，演出了，轰动了，有的演到国外舞台上去了。还有若干鼓曲、相声、散文、杂文作品、小说，数不清的硕果！还做了不少工作：刊物的领导工作，相声改进小组的倡导工作，文艺新人的辅导工作。

于是，怀念起老舍先生时，往往联想起小庭院中那株柿树。一个深秋时节，为《曲艺》约请先生写稿，又走进了这个小庭院。著名"高派"须生李和曾同志也在，少年时代听他的戏时，还是《甘露寺》《借东风》一路"马派"的戏，不知怎的改了戏路子。寒暄之后，我提出刊物编辑部的请求，舒翁照例慨允。我们这两位来客却不约而同，不谋而合地望着几案上豆青大瓷盘里的清供，叶如盖伞般的大柿子。先生微然一笑，请絜青夫人各赠我们一只。告辞出来，我们都把这带叶子的朱实别在自行车把上。正好同路，经河沿儿，过沙滩儿，走景山东街，向地安门而来。大红柿子的柿子叶迎风而行，像风车似的，我们就好像刚从春节的厂甸满载而归的两个孩子。

酒　缸

舒宅开设过"酒缸"。在正屋东北一隅有一几二椅，壁上挂一幅"琴挑"，是傅抱石画的杜诗"天寒翠袖薄，日暮倚修竹"诗意的仕女画。这里就是舒宅的"大酒缸"所在地。大酒缸是北京特殊格局的一种酒店，大多是山西老乡开设的。店内无桌，有几口大缸，酒客坐在缸旁的凳上，二两一小碗儿的烧刀子和煮落花生、拔丝小枣、麻豆腐拌青豆之类的佳肴都安置在缸盖上。

舒记"酒缸"的酒友只有两名，金受申先生和我。金老是老舍先生亲密无间的好友，也是穷苦旗人"俗等人家"出身，父亲是满族的最下层，在宫里干又脏又累的杂活的"苏拉"。金老自学成才，学业惊人。他考取过北京城的中医第一名，担任过中学的校长，在商务印书馆印行的《万有文库》里有他的《公孙龙子研究》《清诗概论》等著述，还在北京一种综合性文艺期刊《立言画刊》上撰写过长期连载的专栏文章《北京通》。多大的口气！应该说他还是北京的"评书通"，他在这方面的学问渊博，评书老艺人们也是很佩服的。老舍先生对老北京某些风俗习惯，诸如红白喜事，婚丧嫁娶晚礼仪细节等等，弄不很清楚时，也常常虚心向"北京通"领教。

有时我和金老联袂造访，又不是饭时，往往"大酒缸"就开张了，两位主人是不大饮酒的，只有我们老少二酒徒坐在开设酒缸的小几两侧落座。酒肴则与酒缸不同，苹果、鸭广梨、酥皮儿点心、炸花生豆都会因季节之不同而分别用来下酒。我自己另有酒菜一品，那就是两位前辈谈文艺，说往事，妙趣横生的谈天说地。

三年困难时期吧，我和金老在灯市口一家小店里"痛饮"了酒精、糖精、香精混合而成的"杏仁露"之后，天色已黑。携手步至舒宅，只有二姑娘在家，给我们端来两杯清茶之后，便回到她母亲的画室里温习功课去了。我们两位品茗吸烟，坐了一会儿也就踏着月色各自回家去了。谁知惹下了大祸事，却还不知端的！

第二天，文联茶座里有个集会。看见老舍先生来了，我上前迎候。他微然一笑，问道："昨晚上你们二位到我舍下放火烧山去了？"我思忖了一下，嗯，准是金老迷迷糊糊地把烟蒂给塞到沙发坐垫的缝隙里去了！我正诚惶诚恐地想说两句什么，先生微笑着缓缓踱步去就座了。过了几天，还是絮青先生告诉我的，幸亏二姑娘闻见了煳烟味儿，当了"小消防"，一盆水熄灭了一场大火！

155

祝　贺

1950年创刊的《说说唱唱》于1955年停刊后，《曲艺》于1957年创刊。任主编、副主编的赵树理、陶钝同志派我去约请老舍先生给刊物写个发刊词。他们拿的这个主意是对的。当时，作为国内外知名度很高的小说家而又热心曲艺工作的作家，只先生一人而已。先生听到这一约请之后，微然一笑："好吧，明天来取稿子。"这篇发刊词题名为《祝贺》，刊登在1957年2月28日出版的《曲艺》双月刊的创刊号上。全文约800字，言简而意赅。

关于曲艺创作，《祝贺》里提到相声新作的成绩可喜，而韵文曲词则较为逊色。这个看法是符合实际情况的，也可以说至今依然如是。文章还精辟地论说，"曲词是在旧体诗词与新诗歌中间的一种形式"，希望曲艺韵文作品能"上通古典诗词，下接白话诗歌"而"另树一帜"。希望刊物努力组织作家写出好的曲艺作品来。这里有一个"诗眼"，即"作家"二字。把相声，牌子曲、大鼓词、弹词、评话的作者称呼为作家，大概首见于此《祝贺》一文。其时作为文学殿堂作家协会成员而又从事曲艺创作的，先生和树理同志之外，还有诗人王亚平等数位而已。

《祝贺》一文对如何进行传统说唱作品的整理修订工作，即"对许多为人民所熟悉的""唱本"，怎样"加以改造采用"，也有精当的见解。老舍认为，刊物要亲自动手并发动别人去搜集整理前人留下的珍品，首先应当抢救老艺人们心中的活东西；搜集曲艺唱词别忘了它的音乐，因为曲词离开了音乐便已死了一半！关于传统曲艺作品的整理工作，他有句语重心长的话：别马马虎虎地动笔就改！

先生溘然长逝二十年于兹了，这些话已经讲了三十年于兹了，今天复习起来仍然觉得活泼泼地有着现实意义。这些话是在具体阐述党的"百花齐放，推陈出新"的文艺方针，符合1951年周恩来总理签发的关于戏曲改革工作的指示精神。

《祝贺》开头就说，希望曲艺这种说唱艺术"成为百花齐放中最美丽的花朵"。老舍先生，你这一美好的愿望必将在祖国明媚的春天里逐渐实现。安息吧！

吵　架

说是"吵架"，也许有些夸张，或是有点"言过其实"了。不过据絜青夫人的介绍，两位作家是不止一次地吵过，有时还闹得脸红脖子粗的。结局则往往是不欢而散。"农村派"代表怫然拂袖而去，"城市派"代表则呆呆地坐在那里出神，连起身送客的礼节都忘了，"嘻！真是一对难兄难弟。"

老舍先生诞生于公历1899年2月3日，即清光绪二十四年的腊月二十三日，民间习俗"祭灶王"的那一天，也就是帝国主义，"八国联军"践踏"天京"的黑暗前夜。

树理同志诞生于公历1906年，旧民主主义革命爆发辛亥革命之火的前夕，晚于老舍先生七年。

这里的"难兄难弟"，首先用的是这句成语的第一义，即弟兄的德才都属上乘的意思。其实，从他们两位在那场浩劫中的遭际来看，用此成语的第二义：兄弟同处患难境地的含义，也是贴切实际的。老舍先生的"骨灰盒"里只是他的一块血衫、一支写过若干篇作品的旧钢笔和一副多年用来观察世情的眼镜，树理同志则有一幅别人为我口头描绘的血泪画图，他是以重病之身从三层高桌上摔下来而猝然去世的。呜呼！

早来人间六七年的"难兄"，辞世也早于那位"难弟"四五年，仍然可以说是联袂而去吧。如果不是"在数难逃"，你们至今携手健在，将为社会主义文明大厦增添多少钢砖铁瓦！

说起他们的"吵架"，无非是因为对一辞一句的评价高低，一个故事的结构如何优选，以至李白、杜甫诗篇的看法分歧而已，却相持不下，认真到不欢而散的程度。絮青夫人说过，不要以为会闹得老死不相往来了，过不了几天，也许第二天，他们又坐在一起谈笑风生了。由于少不更事，曾经向老舍先生打听过有无"吵架"之事，当然是绕着弯子问的。他微然一笑，顾左右而言他去了。

马 莲

多年来，受老北京人特别是北京老人的启迪，养成了朱子《治家格言》中所说"黎明即起"的习惯。无论冬夏，无论阴晴，黎明之前即起身"上班"。米粮库胡同小住二十八年，以冬季为例，天刚蒙蒙亮，出胡同东口向南一拐，景山之巅的万春亭背影隐约可见；向东向南，才出东街，七十二条脊的河上角楼身影已朦胧在望；再向南行是沙滩红楼，它东南角落一层的三间小室曾是两位革命巨人工作过的所在。东行至河沿儿，向南一折就是奶子府的西口了。美好的记忆不少，包括一路上能喝到热豆浆，吃上烫嘴的肥胖油条，到文联大楼打上头壶开水泡茶等等。深刻的印象并非这些。

一个冬日的破晓之前，骑着车刚进了奶子府的西巷口，影影绰绰地迎面走来一个老头儿，穿着一件比"二大棉袄"长些的短袍，左手拄着手杖，右手提溜着一串儿，大概是"焦圈儿"，那一定是马莲草穿起来的一提溜儿。再近些，看得出头上戴的"吕宋帽"似的毛线帽子，压着眉毛，低着头，踽踽而行。擦肩而过，心想这是一位地道的老北京人。起这么早，买上几个焦圈儿，到家再热上碗豆汁儿，其乐也无穷。

忽然感到那位老人的身影有些眼熟，闸住车子望去，只见老人已走进路北的那条小巷。没错儿，是老舍先生自己买早点去了，那是一串焦圈儿，那是用马莲穿起来的。偶然读到一部辞书中"马蔺"一条：

马蔺也叫马莲或马兰，花紫色似菊花；叶的边缘有锯齿，富于韧性，可以用来系物，可以造纸，根可以制刷子。

马莲，原来你有这样多的奉献！老百姓不叫你"马蔺"，把你的名讳与出淤泥而不染的荷花联系到一起，叫作"马莲"；又与"兰为王者香"的兰草联系到一起，叫作"马兰"。你的花又与傲霜寒的菊花神似。你的叶呢？富于韧性，还有参差的锯齿！

后来，有时眼前浮动起那位北京老人在胡同里踽踽而行的身影，进而联想到那系着一串焦圈的马莲。

老舍先生在檀营

王敬魁

1964年初春，桃花刚刚吐蕊，现代小说家、戏剧家、中国作家协会副主席老舍先生，不顾66岁高龄，自己带着行李，挂着手杖，来到我县城关公社檀营大队。

檀营在我县城东三里，原是一处清代八旗驻防营城遗址（因密云古称檀州，故称檀营）。《密云县志》载：此营于清乾隆四十五年（1780年）移驻。从北京调来满、蒙古族兵2000余人，另有马甲（军营家属）人口7000人（当时2000户）。檀营人生活来源靠军饷，邻村人称之为"铁杆庄稼"。1925年北洋军阀政府完全断绝了驻防营的供给，自此驻防营瓦解了，从此，檀营满、蒙古族人饥寒交迫、四处逃亡，临解放时这里仅剩200多户，900多人，被邻村称作"叫花子村"。

老舍先生来檀营前的一段时间里，正写着长篇自传体小说《正红旗下》。到檀营后，他还要写新生的《正红旗下》。

"为什么要到檀营去？"因为这里有不少满、蒙古族人，老舍在《下乡简记》一文中，记述了来檀营的原因。他之所以到这里来，不仅因为自己是满族人，主要是"我要去看看他们今天是怎样活着"。

老舍在这个满、蒙、回、汉等民族杂居的地方住了四个多月。白天走家串户，察看当地的名胜古迹，有时采一把野花插在住处瓶子里；晚上便和县社队的干部座谈，或与社员、业余作者、学生聊生产、生活、学习、创作的情况，总也不闲着，同这里的群众相处的十分融洽。老舍穿着褪了色的蓝布裤褂，脚蹬半新的圆口千层底布鞋，手里拄着黑油漆的拐杖。从外表看，不相识的人谁都不会想到这就是大作家老舍。

老舍住在王敬之家，这是一排五间的北房，老舍住在靠西的一间。当时房东王大娘说："这间房的大柁坏了，用木头支着，还是住别的房间吧。"老舍说："住这间吧，不会有危险的。"

院子四周有桃树、杏树，中间支着瓜棚豆架，晚饭后老舍在桃树下接待来访者。客人一进门，老舍就起身、让座、倒水，特别平易近人。他对业余作者非常热情，只要拿来作品，总是一字一字认真地看，然后提出修改意见。县文化馆王明仁，写了几篇小说，请老舍过目。老舍花了七八个晚上，仔细看过后，给王明仁指出了优点和不足。老舍还送给明仁一本自己谈创作经验的书籍《出口成章》。老舍说："热爱生活，才能使我们的笔端迸出生命的火花，燃起革命的火焰。生活是五光十色、万紫千红的，设若我们只了解某一方面的生活，而不把它与时代潮流结合起来，我们的作品就必然不会光芒四射。"

最近几年，不少国内外专家、学者来采访老舍当年的居住地和生活情况。王大妈告诉我，前年，北京一位剧作家和日本学者一起到她家，请她按照老舍的布鞋样子在村里找一双布鞋。"我找遍全村也没有"，她深有感触地说："现在生活好了，谁还穿那种鞋子？"

檀营的扬水站离村五里，在周文郁的陪同下，老舍拄着手杖，一步一瘸地步行，走一会，便在小路边坐下，揉一会腿再走。周文郁嗔怪道："您腿不好，多少次劝您不要来。我会详细介绍的。"老舍说："要了解一个单位的一切，就会有用不完的写作资料。"来到扬水站，老舍看到水渠里清清的流水流入整齐的梯田，好像一幅山水画。当老舍得知这是开挖20多华里修成水渠后引来密云水库的水，便问："听说修水库之前，潮白河两岸人民受害不小？"周文郁介绍了这村几次大水灾后说："我们这有一首民谣，您可听说过？""说说看。""潮白河水滚滚流，流不尽的泪水，流不尽的愁。冲走了多少平川地，卷走了多少房子牛，要了多少人的命，害得多少人家妻离子散，漂流在荒丘。"老舍听后，过一会说："修了密云水库，人民安居乐业了。"老舍在文章里这样记述："开了一道大渠，可以灌田增产。"

老舍在这里体验生活，到各家吃派饭。他为多了解普通群众，不在干部家吃饭。开始吃派饭，群众把老舍当贵客，由长辈陪着先吃。老舍坚持与家人一起吃饭。他曾去100多家吃饭、聊天，和社员一样吃玉米饼子、玉米面粥、白薯干，很少吃上几顿白面。有的满族人家，专门做了豆汁来招待老舍，算是改善伙食。每当老舍交给粮票和饭钱时，社员总不肯收，老舍便不依。社员们不愿意让老舍心里不痛快，只好接过粮票和饭钱。老舍在走家串户时得知，檀营村从1917年到1921年，饿死600多人，有时一天死30多人。冯大纯父子三人，少衣无食，柴尽米绝，活活冻死在火盆旁。当时有100多家卖儿卖女。到1948年解放时，檀营村的900多口人里，有72条光棍，18个一口人的单户。新中国成立后"汉人教给了他们耕作技术……他们由会劳动变为热爱劳动"。这里办起了"互助组与公社，年年增产"。老舍在《下乡简记》中详细记述了这里的变化。"老的营房或加以修补，或另建新房，新房都既坚固又敞亮"，"在公社制度下，只要肯参加集体生产劳动，全家全族就都能吃饱穿暖，幸福日增"。他十分高兴地"向全世界说：看！在中华人民共和国"这个民族大家庭里，"我们满、蒙旗人……活得愉快，有意义"。老舍在感慨中这样记载："铁杆庄稼并养不活一家人……社会主义才是真的铁杆庄稼。"在一次干部会上，老舍在谈体会时说："中国这么多民族能和睦相处，只有共产党能做到，其他政党都做不到。"

　　老舍在这个满人聚居的地方，同这里的群众建立了深厚的友谊。老舍走后，还与这里的不少人有书信来往。1965年春节前，老舍把自己的题字邮给杭万庆、周文郁、王敬之、郭甫志四位社员。信封是老舍亲笔书写，下款是"老舍自北京东城乃兹府丰盛胡同十号寄"。信封上还用红笔写了"轻拆"两字，在"轻拆"两字下面还画了红圈。可见老舍对群众的诚心诚意。在周文郁的弟弟那里，我见到了老舍的题字，有一尺来宽，三尺多长，娟秀中带着刚劲的字迹，墨香犹存，清晰如初，可能因为长期在箱底珍藏，略有些褶皱。书写的是毛主席词《菩萨蛮·大柏地》："赤橙黄绿青蓝紫，谁持彩练当空舞……"末尾工工整整写着"文郁同志嘱录毛主席词，即乞正字益祝春吉"。落款是"一九六五年春节老舍"（盖章）。给郭甫志的题字是毛主席词《会昌·寄调清平乐》："东方欲晓，莫道君行早……"后面工整地写着"甫志同志正字"，落款是"一九六五年春节老舍"（盖章）。郭大娘说，老郭原名叫郭普治，当时是大队治保委员，公社交给他的任务是照顾老舍先生。有一次陪老舍先生爬村北的冶山，坐在冶仙塔旁的一块岩石上小憩（当初塔上有灯，又叫冶塔仙灯，是密云县外八景之一，《日下旧闻考》载："县东北八里为冶山，上有塔，有石洞深邃，水四时不竭。东有草洞，昔人淘金址尚存。"密云县志也记载，冶仙塔初建于辽代重熙八年。光绪七年，八旗兵重修冶仙塔，镌刻了"高插云汉文人笔，重领檀营武士冠"的对联），老舍说："把你的名字改下吧？"老郭说："行啊！"后来从北京邮来的字上才知道改成了"甫志"这两个字。我家得到题字，就到北京城里裱了一下。我孙女在小学读书，课本中读到老舍的《草原》《趵突泉》等文章，为使学生加深对作者的了解，老师让我孙女把题字拿到学校，有人要出高价买这张字画，我们没有卖。老郭病重时，在弥留之际还嘱咐我，一定要把老舍先生的题字保存好。

这朴素的语言，真挚的感情，充分显示了老舍先生在人民心中所占有的位置。

老舍在檀营的垄头阡陌里留下了足迹，在农家土炕上留下了音容。尽管当时没有留下一张照片，但是，老舍那和蔼、谦逊、朴实的形象，却永远印在檀营村乡亲们的心里，永远留在冶仙塔旁的岩石上，与日月同辉，与山河同在。

附：

我热爱新北京

老 舍

北京是美丽的，我知道，因为我不但是北京人，而且到过欧美，看见过许多西方的名城，假若我只用北京人的资格来赞美北京，那也许就是成见了。

我知道北京美丽，我爱她像爱我的母亲。因为我这样爱她，所以才为她的缺点着急，苦闷。我关切她的缺欠正像关切一个亲人的疾病。是的，北京确实是有缺欠。那些缺欠是过去的皇帝、军阀和国民党政府带给北京的。他们占据着北京，也糟蹋北京。

在过去，举例说吧，当皇帝或蒋介石出来的时候，街道上便打扫干净，洒上清水；可是，他们的大轿或汽车不经过的地方便永远没见过扫帚与水桶。达官贵人住着宫殿式的房子，而且有美丽的花园；穷人们却住着顶脏的杂院儿。达官贵人的门外有柏油路，好让他们跑汽车；穷人的门前却是垃圾堆。

一九四九年年尾，我回到故乡北京。我已经十四年没回来过了。虽然别离了这么久，我可是没有一天不想念着她。不管我在哪里，我还是拿北京作我的小说的背景，因为我闭上眼想起的北京是要比睁着眼看见的地方更亲切，更真实，更有感情的。这是真话。

到今天，我已经在北京住了一年。在这一年里，我所看到听到的都证明了，新的政府千真万确是一切仰仗人民，一切为了人民的。只就北京的建设来说，证据已经十分充足了。让我们提出几项来说吧。

一、下水道。北京的下水道年久失修，每逢一下大雨，就应了那句不体面的话："北京，刮风是香炉，下雨是墨盒子。"北京市人民政府自从一成立就要洗刷这个由反动政府留下的污点，一方面修路，一方面挖沟。我知道，在十几年抗日与解放战争之后，百废待举，政府的财力是不怎么从容的。可是，政府为人民的福利，并不因经济的困难而延迟这重大的任务。各城的暗沟都挖了，雨水污水都有了排泄的路子。北京再不怕下雨；下雨不再使道路成为"墨盒子"。

最使我感动的是：这个为人民服务的政府并不只为通衢路修沟，而且特别顾到一向被反动政府忽视的偏僻地方。在以前，反动政府是吸去人民的血，而把污水和垃圾倒在穷人的门外，叫他们"享受"猪狗的生活。现在，政府是看哪里最脏，疾病最多，便先从哪里动手修整。新政府的眼是看着穷苦人民的。

在北京的南城，有一条明沟，叫龙须沟。多么美的名字啊！龙须沟！可是，实际上，那是一条最臭的水沟。沟的两岸密匝匝地住满了劳苦的人民，终年呼吸着使人恶心的臭气，多少年了，这条沟没有人修理过，因为这里是贫民窟。人民屡次自动地捐款修沟，款子都被反动的官吏们吞吃了。去年夏初，人民政府在明沟的旁边给人民修了暗沟，秋天完工，填平了明沟。人民怎样地感戴是可以想象得到的。我亲自去看过这条奇臭的"龙须"和那新的暗沟，并且搜集了那一带人民的生活情形和他们对政府给他们修沟的反映，写成一出三幕话剧，表示我对政府的感激与钦佩。

二、清洁。北京向来是美丽的，可是在反动政府下并不处处都清洁。是的，那时候人民确是按期交卫生费的，但是因为官吏的贪污与不负责，卫生费并不见得用在公众卫生事业上。现在，北京像一个古老美丽的雕花漆盒，落在一个勤勉人手里，盒子上的每一凹处都收拾得干干净净，再没有一点积垢。真的，北京的每一条小巷都已经清清爽爽，连人家的院子里也没有积累的垃圾，因为倾倒秽土的人员是那么勤谨，那么准时必来，人们谁都愿意逐日把院子里外收拾清洁。美丽是和清洁分不开的。这人民的古城多么清爽可喜呀！我可以想象到，在十年八年以后，北京的全城会成为一座大的公园，处处美丽，处处清洁，处处有古迹，处处也有最新的卫生设备。

三、灯和水。北京，在解放前，夜里常是黑暗的。她有电灯，但灯光是那么微弱，似有若无，而且时时长时间地停电。政治的黑暗使电灯也无光。水也是这样。夏天水源枯竭，便没有水用。就在平日，也是有势力的拼命用水，穷人住的地带根本没有自来水管。他们必得喝井水。这七百年的古城，在反动政府的统治下，灯水的供应似乎还停留在七百年前的光景。

北京解放了，人的心和人的眼一齐见到光明。由于电厂有了新的管理法，由于工人的进步与努力，北京的电灯真像电灯了。工人们保证不缺电，不停电。这古老的都城，在黑夜间，依然露出她的美丽。那金的绿的琉璃瓦，红的墙，白玉石的桥，都在明亮的灯光下显现出最悦目的颜色。而且，电力还够供给各工厂。同样的，水也够用了。而且，就是在龙须沟的人们也有自来水吃啦。

我爱北京，我更爱今天的北京——她是多么清洁、明亮、美丽！我怎么不感谢毛主席呢？是他，给北京带来了光明和说不尽的好处哇！我只提到下水道和灯水什么的，可是我的感激是无尽的，因为提到的这些不过是新北京建设工作的一部分哪。

新的文艺生命

老 舍

学习新理论

在学习毛主席《在延安文艺座谈会上的讲话》以前，我不可能写出像最近二年来我所写的东西。这二年来我所写的东西虽然并不怎么好，可是和我的以前的作品比较起来，本质上是大不相同了。

虽然我从1924年就开始学习文艺写作，可是始终不大明白应当写什么，怎么写，和应当为谁写。我的最初的写作动机是看见别人写，我也要试试，我要写，我要发表我所写的，我希望成为文艺作家。别的，我不管。

发表了一两篇作品以后，就有人来约稿了，我不能不再写。我真的成了一个"作家"。这时候我又为谁写呢？多半是为我自己，小半是为读者；我有了读者，不可放弃。我的读者是谁呢？大概地说，他们多半是小市民和一部分知识分子。他们为什么是我的读者呢？因为气味相投——我的思想和他们的思想距离不大，我的思想不会教他们害怕。他们讲趣味，我写的有趣味。这时节，我还是为自己写作，不过捎带着要顾及读者。这里所谓的"顾及读者"并不是我要给他们什么教育的意思，而是要迎合他们的趣味。

为丰富自己的文艺知识，在写作之外，我也读文艺作品和文艺理论。

我读过一些世界文艺名著。可是，我并不明白它们的真正价值何在。我只用个人的趣味去判断它们的高低。我的趣味是小市民的，遇到俏皮的文字，招笑的情节，或一段漂亮的写景，我就赞叹不已，究竟那有什么教育价值与文艺价值，我不过问。

我也读过一些文艺理论。可是，因为我自己没有个中心思想，就没法子批判地理解它们。我只能说某时代某人的主张如此，另一时代另一人的主张

168

如彼，而说不出为何如此如彼，也说不出哪个对，哪个不对。这使我感到苦闷，甚至慢慢地厌弃理论。我会说：写吧，不必管理论！作品是真东西，理论是空洞的。这样，我便信笔一挥，写出来就算作品；甚至写出《猫城记》那样有错误的东西，也拿去发表！

是的，我也描写过劳苦大众，和受压迫的人。不过那是因为我自幼受过苦，受过压迫，愿意借题发挥，把心中的怨气发泄出来。我有小资产阶级的正义感。正因为那是小资产阶级的正义感，我可是不敢革命，于是我笔下的受压迫的人也不敢革命。我只写出我对他们的同情，而不敢也不能给他们指出一条出路。我用他们的语言、形象、生活等等描画出一些阴森晦暗的景象，其中可没有斗争，也就没有希望与光明。有人问到我为什么只写悲惨的景象，不写激壮的斗争呢？我总是说：国民党的图书检查制度很严哪，而不说自己对革命斗争既无认识，又无热情。在文艺与政治斗争当中，我画上了一条线：我是搞文艺的，政治是另一回事。

真的，在抗日战争中我就写过京戏鼓词之类的通俗文艺，为大众"服务"。其实呢，这点"服务"精神远不及我的自得自傲：我自居为全能的文艺作家，连京戏鼓词也会写！不管写什么，我总是由证明我是个文人出发。我这样的文人的法宝是文字与文艺形式；我有这两件法宝；通俗也好，典雅也好，我都能写；有时候还写一首五言或七言的旧诗，显显本事呢！至于文艺的思想性和战斗任务，我向来不关心。

1949年年尾，由国外回来，我首先找到了一部《毛泽东选集》。头一篇我读的是毛主席《在延安文艺座谈会上的讲话》。

读完了这篇伟大的文章，我不禁狂喜。在我以前所看过的文艺理论里，没有一篇这么明确地告诉过我：文艺是为谁服务的，和怎么去服务的。可是，狂喜之后，我发了愁。我怎么办呢？是继续搞文艺呢，还是放弃它呢？对着毛主席给我的这面镜子，我的文艺作家的面貌是十分模糊了。以前，我自以为是十足的一个作家；此刻，除了我能掌握文字，懂得一些文艺形式之外，我什么也没有！毛主席指示：文艺须为工农兵服务。我怎么办呢？从我开始学习文艺写作起，二十多年来，我的思想、生活、作品都始终是在小资产阶级里绕圈圈。我最远的"远见"是人民大众应当受教育，有享受文艺的能力与权力。享受什么样的文艺呢？很简单：我写，大家念。我写什么呢？随便！我写什么，大家念什么。一个小资产阶级的确是可以这样狂傲无知的。这种狂傲使我对于工农兵，恰如毛主席所说的，缺乏接近，缺乏了解，缺乏研究，缺乏知心朋友，不善于描写他们。我真发了愁。

毛主席提出了文艺服从于政治的道理。这又使我手足失措。我在小资产阶级的圈子里既已混了很久，我的思想、生活、作品，已经都慢慢地瘫痪了。我每每觉得我可以不吸收任何新思想，还是照旧可以写东西。我的生活方式呢，似乎也恰好是一个文人所应有的，不必改变。作品呢，不管有无内容，反正写得光滑通顺，也就过得去了。这样的瘫痪已久，使我没法子不承认：文艺不但可以和政治分家，也应当分家；分了家日子好过！我以为，仗着一点小聪明和长时间的写作经验，我就可以安安稳稳地永远吃文艺饭。可是，毛主席告诉了我和类似我的人：你们错了，文艺应当服从政治！

我怎么办呢？

这么办

我该从哪里下手去实践呢？我不敢随便地去找一点新事物，就动手写小说或剧本；我既没有革命锻炼，又没有足够的思想改造学习和新社会生活的体验，若是冒冒失失地去写大部头的作品，必会错误百出。我得忘了我是有二十多年写作经验的作家，而须自居为小学生，从头学起。这样，我决定先写通俗文艺。这并不是说，通俗文艺容易写，思想性与艺术性可以打折扣，而是说通俗文艺，像快板与相声，篇幅都可以不求很长，比较容易掌握。

在从前，我写一篇一百句左右的鼓词，大概有两三天就可以交卷；现在，须用七八天的工夫。我须写了再写，改了再改。在文字上，我须尽力控制，既不要浮词滥调，又须把新的思想用通俗语言明确地传达出来，这很不容易。在思想上，困难就更多了。当我决定写某件事物的时候，对那件事物我必定已有一定程度的了解。可是，赶到一动笔，那点了解还是不够用，因为一篇作品，不管多么短小，必须处处结实、具体。我的了解只是大致不差，于是字里行间就不能不显出只知其一，不知其二的贫乏与毛病。有时候，正笔写得不错，而副笔违反了政策。有时候，思想写对了，可是文字贫弱无力，没有感情——只把政治思想翻译一下，而没有对政治思想所应有的热情，就一定不会有感动的力量。有时候……困难很多！可是我决定：第一不要急躁，第二不要怕求教别人。我既决定听从毛主席的指示：思想改造必须彻底，也就必是长时间的事；我就不能急躁。我必须经常不断地学习，以求彻底解决。以前，我可以凭"灵感"，信笔一挥，只求自己快意一时，对读者却不负责任。现在，我要对政治思想负责，对读者负责。急于成功会使我由失望而自弃。另一方面，我须时时请教别人。时常，我的客人，共产党员或是有新思想的人，就变成我的批评者，我要求他们多坐一会儿，听我朗读文稿；一篇稿子不知要朗读多少回；读一回，修改一回。我自己的思想不够用，大家的思想会教我充实起来；当他们给我提出意见的时候，他们往往不但指出作品上的错处，而且也讲到我的思想上的毛病，使我明白为什么写错了的病根。

这样，写一小段，我就得到了一些好处。虽然我从书本上学来的新思想不很多（到今天我还是有些怕读理论书籍），可是因为不断地习作，不断地请教，我逐渐地明白了我应当怎样把政治思想放在第一位，而不许像从前那样得到一二漂亮的句子便沾沾自喜。虽然我因有严重的腿疾，不能马上到工厂、农村或部队里去体验生活，可是因为不断地习写通俗文艺，我已经知道了向工农兵学习的重要；只要腿疾好些，我就会向他们学习去。虽然二年来我所写过的通俗文艺作品并非都没有毛病，可是这已给了我不少鼓励：放下老作家的包袱，不怕辛苦，乐于接受批评，就是像我这样学问没什么根底，思想颇落后的作家，也还有改造自己的可能，有去为人民服务的希望。

　　不管我写多么小的一个故事，我也必须去接触新的社会生活；关起门来写作，在今天，准连一句也写不出。为写一小段鼓词，我须去调查许多资料，去问明白有什么样政治思想上的要求。这样，我就知道了一些新社会是怎样在发展，和依照着什么领导思想而发展的。一来二去，接触的多了，我就热爱这个天天都在发展进步的新社会了。是的，我必须再说一遍，我缺乏有系统的学习政治理论与文艺理论。可是，赶到因为写作的需要，看到了新社会的新气象新事物，我就不能不动心了。我要歌颂这新社会的新事物，我有了向来没有的爱社会国家的热情。自然，有人说我这样先看见，后歌颂，是被动的，不会写出有很高思想性与创造性的作品来。可是，我是由旧社会过来的人，假若我自诩能够一下子便变成为今天的思想家，就是自欺欺人。我只能热情地去认识新社会，认识多少，就歌颂多少；我不应该因我的声音微弱而放弃歌颂。写不了大部头的小说，我就用几十句快板去歌颂。以我的小小的才力，我不该幻想一写就写出一鸣惊人的作品来；若因不能一鸣惊人，就连快板也不写，我便完全丧失了文艺生命，变成废物。我不再想用作品证明我是个了不起的文人，我要证明我是新文艺部队里的一名小兵，虽然腿脚不利落，也还咬着牙随着大家往前跑。

　　慢慢地，我开始写剧本。《方珍珠》与《龙须沟》的背景都是北京；我是北京人，知道一些北京的事情。我热爱北京，看见北京人与北京城在新中国成立后的进步与发展，我不能不狂喜，不能不歌颂。我一向以生在北京自傲，现在我更骄傲了，北京城是毛主席的，北京人与北京城都在毛主席的恩惠中得到翻身与进步，我怎能不写出我的与北京人的对毛主席的感谢呢！

　　这两个剧本（虽然《龙须沟》里描写了劳动人民）都不是写工农兵的；

172

我还不敢写工农兵，不是不想写。我必须加紧学习，加紧矫正小资产阶级的偏爱与成见，去参加工农兵的斗争生活，以期写出为工农兵服务的作品。这两个剧本本身也有个共同的缺点，对由旧社会过来的人描写得好，对新社会新生的人物描写得不那么好。我了解"老"人，不十分了解新人物。这是个很大的教训——我虽努力往前跑，可是到底背着的包袱太重，跑不快！新人物已经前进了十里，我才向前挪动了半里！这也警告了我：要写工农兵非下极大的工夫不可，万不可轻率冒失！只凭一点表面上的观察便动笔描写他们，一定会歪曲了他们的！

以前，我的写作方法是自写自改，一切不求人；发表了以后，得到好批评就欢喜，得到坏批评就一笑置之。我现在的写作方法是：一动手写就准备着修改，决不幻想一挥而就。初稿不过是"砍个荒子"，根本不希望它能站得住。初稿写完，就朗读给文艺团体或临时约集的朋友们听。大家以为有可取之处，我就去重新另写；大家以为一无可取，就扔掉。假若是前者，我就那么再写一遍、两遍，到七八遍。有人说：大家帮忙，这怎能算你自己的作品呢？我说：我和朋友们都不那么小气！我感谢大家的帮忙，大家也愿意帮忙；文艺团体给我提意见总是经过集体地详密地讨论了的。敝帚千金，不肯求教大家，不肯更改一字，才正是我以前的坏毛病。改了七遍八遍之后，假若思想性还不很强，我还是扔掉它。我不怕白受累，而且也不会白受累——写七八遍就得到写七八遍的好处，不必非发表了才算得到好处。我很后悔，我有时候还是沉不住气，轻易地发表了不很好的东西。这样，我终年是在拼命的写，发表也好，不发表也好，我要天天摸一摸笔。这似乎近于自夸了。可是，为什么在毛主席的光荣里，得到改造自己的机会，得到了新的文艺生命，而不敢骄傲呢？毛主席告诉了我应当写什么，怎么写，和为谁写，我还不感谢么，还不拼命追随么？是的，我知道，我离着一个毛泽东思想的作家还很远很远。但是，我一定要按着毛主席所指示的一步一步地往前走，决不停止。在思想上，生活上，我还有不少的毛病，我要一一的矫正，好减轻负担，向前走得快一些。以前我写过的东西，只能当作语文练习；今后我所写的东西，我希望，能成为学习了毛主席《在延安文艺座谈会上的讲话》以后的习作。只有这样，我才不会教"老作家"的包袱阻挡住我的进步，才能虚心地接受批评，才能得到文艺的新生命。

内蒙参观

老 舍

1961年夏天，我们——作家、画家、音乐家、舞蹈家、歌唱家等共二十来人，应内蒙古自治区乌兰夫同志的邀请，由中央文化部、民族事务委员会和中国文联进行组织，到内蒙古东部和西部参观访问了八个星期。陪同我们的是内蒙古文化局的布赫同志。他给我们安排了很好的参观程序，使我们在不甚长的时间内看到林区、牧区、农区、渔场、风景区和工业基地；也看到了一些古迹、学校和展览馆；并且参加了各处的文艺活动，交流经验，互相学习。到处，我们都受到领导同志们和各族人民的欢迎与帮助，十分感激！

以上作为小引。下面我愿分段介绍一些内蒙风光。

林 海

这说的是大兴安岭。自幼就在地理课本上见到过这个山名，并且记住了它，或者是因为"大兴安岭"四个字的声音既响亮，又含有兴国安邦的意思吧。是的，这个悦耳的名字使我感到亲切、舒服。可是，那个"岭"字出了点岔子：我总以为它是奇峰怪石，高不可攀的。这回，有机会看到它，并且进到原始森林里边去，脚落在千年万年积累的几尺厚的松针上，手摸到那些古木，才真的证实了那种亲切与舒服并非空想。

对了，这个"岭"字，可跟秦岭的"岭"字不大一样。岭的确很多，高点的，矮点的，长点的，短点的，横着的，顺着的，可是没有一条使人想起"云横秦岭"那种险句。多少条岭啊，在疾驰的火车上看了几个钟头，既看不完，也看不厌。每条岭都是那么温柔，虽然下自山脚，上至岭顶，长满了珍贵的林木，可是谁也不孤峰突起，盛气凌人。

目之所及，哪里都是绿的。的确是林海。群岭起伏是林海的波浪。多少种绿颜色呀：深的，浅的，明的，暗的，绿得难以形容，绿得无以名之。我虽诌了两句"高岭苍茫低岭翠，幼林明媚母林幽"，但总觉得离眼前实景还相差很远。恐怕只有画家才能够写下这么多的绿颜色来吧？

兴安岭上千般宝，第一应夸落叶松。是的，这是落叶松的海洋。看，"海"边上不是还有些白的浪花吗？那是些俏丽的白桦，树干是银白色的。在阳光下，一片青松的边沿，闪动着白桦的银裙，不像海边上的浪花么？

两山之间往往流动着清可见底的溪河，河岸上有多少野花呀。我是爱花的人，到这里我却叫不出那些花的名儿来。兴安岭多么会打扮自己呀：青松作衫，白桦为裙，还穿着绣花鞋呀。连树与树之间的空隙也不缺乏色彩：在松影下开着各种的小花，招来各色的小蝴蝶——它们很亲热地落在客人的身上。花丛里还隐藏着像珊瑚珠似的小红豆，兴安岭中酒厂所造的红豆酒就是用这些小野果酿成的，味道很好。

就凭上述的一些风光，或者已经足以使我们感到兴安岭的亲切可爱了。还不尽然：谁进入岭中，看到那数不尽的青松白桦，能够不马上向四面八方望一望呢？有多少省份用过这里的木材呀！大至矿井、铁路，小至桌椅、橡柱，有几个省市的建设与兴安岭完全没有关系呢？这么一想，"亲切"与"舒服"这种字样用来就大有根据了。所以，兴安岭越看越可爱！是的，我们在图画中或地面上看到奇山怪岭，也会发生一种美感，可是，这种美感似乎是起于惊异与好奇。兴安岭的可爱，就在于它美得并不空洞。它的千山一碧，万古常青，又恰好与广厦、良材联系起来。于是，它的美丽就与建设结为一体，不仅使我们拍掌称奇，而且叫心中感到温暖，因而亲切、舒服。

哎呀，是不是误投误撞跑到美学问题上来了呢？假若是那样，我想：把美与实用价值联系起来，也未必不好。我爱兴安岭，也更爱兴安岭与我们生活上的亲切关系。它的美丽不是孤立的，而是与我们的建设分不开的。它使不远千里而来的客人感到应当爱护它，感谢它。

及至看到林场，这种亲切之感便更加深厚了。我们伐木取材，也造林护树，左手砍，右手栽。我们不仅取宝，也作科学研究，使林海不但能够万古常青，而且百计千方，综合利用。山林中已有了不少的市镇，给兴安岭添上了新的景色，添上了愉快的劳动歌声。人与山的关系日益密切，怎能够使我们不感到亲切、舒服呢？我不晓得当初为什么管它叫作兴安岭，由今天看来，它的确含有兴国安邦的意义了。

草　原

自幼就见过"天苍苍，野茫茫，风吹草低见牛羊"这类的词句。这曾经发生过不太好的影响，使人怕到北边去。这次，我看到了草原。那里的天比别处的天更可爱，空气是那么清鲜，天空是那么明朗，使我总想高歌一曲，表示我的愉快。在天底下，一碧千里，而并不茫茫。四面都有小丘，平地是绿的，小丘也是绿的。羊群一会儿上了小丘，一会儿又下来，走在哪里都像给无边的绿毯绣上了白色的大花。那些小丘的线条是那么柔美，就像没骨画那样，只用绿色渲染，没有用笔勾勒，于是，到处翠色欲流，轻轻流入云际。这种境界，既使人惊叹，又叫人舒服，既愿久立四望，又想坐下低吟一首奇丽的小诗。在这境界里，连骏马与大牛都有时候静立不动，好像回味着草原的无限乐趣。紫塞，紫塞，谁说的？

这是个翡翠的世界。连江南也未必有这样的景色啊！

我们访问的是陈巴尔虎旗的牧业公社。汽车走了一百五十华里，才到达目的地。一百五十里全是草原。再走一百五十里，也还是草原。草原上行车至为洒脱，只要方向不错，怎么走都可以。初入草原，听不见一点声音，也看不见什么东西，除了一些忽飞忽落的小鸟。走了许久，远远地望见了迂回的，明如玻璃的一条带子。河！牛羊多起来，也看到了马群，隐隐有鞭子的轻响。快了，快到公社了。忽然，像被一阵风吹来的，远丘上出现了一群马，马上的男女老少穿着各色的衣裳，马疾驰，襟飘带舞，像一条彩虹向我们飞过来。这是主人来到几十里外，欢迎远客。见到我们，主人们立刻拨转马头，欢呼着，飞驰着，在汽车左右与前面引路。静寂的草原，热闹起来：欢呼声，车声，马蹄声，响成一片。车、马飞过了小丘，看见了几座蒙古包。

蒙古包外，许多匹马，许多辆车。人很多，都是从几十里外乘马或坐车来看我们的。我们约请了海拉尔的一位女舞蹈员给我们作翻译。她的名字漂亮——水晶花。她就是陈旗的人，鄂温克族。主人们下了马，我们下了车。也不知道是谁的手，总是热乎乎地握着，握住不散。我们用不着水晶花同志给作翻译了。大家的语言不同，心可是一样。握手再握手，笑了再笑。你说你的，我说我的，总的意思都是民族团结互助！

也不知怎的，就进了蒙古包。奶茶倒上了，奶豆腐摆上了，主客都盘腿坐下，谁都有礼貌，谁都又那么亲热，一点不拘束。不大会儿，好客的主人端进来大盘子的手抓羊肉和奶酒。公社的干部向我们敬酒，七十岁的老翁向我们敬酒。正是：

祝福频频难尽意，举杯切切莫相忘！

我们回敬，主人再举杯，我们再回敬。这时候鄂温克姑娘们，戴着尖尖的帽儿，既大方，又稍有点羞涩，来给客人们唱民歌。我们同行的歌手也赶紧唱起来。歌声似乎比什么语言都更响亮，都更感人，不管唱的是什么，听者总会露出会心的微笑。

饭后，小伙子们表演套马，摔跤，姑娘们表演了民族舞蹈。客人们也舞的舞，唱的唱，并且要骑一骑蒙古马。太阳已经偏西，谁也不肯走。是呀！蒙汉情深何忍别，天涯碧草话斜阳！

人的生活变了，草原上的一切都也随着变。就拿蒙古包说吧，从前每被呼为毡庐，今天却变了样，是用木条与草杆作成的，为是夏天住着凉爽，到冬天再改装。看那马群吧，既有短小精悍的蒙古马，也有高大的新种三河马。这种大马真体面，一看就令人想起"龙马精神"这类的话儿，并且想骑上它，驰骋万里。牛也改了种，有的重达千斤，乳房像小缸。牛肥草香乳如泉啊！并非浮夸。羊群里既有原来的大尾羊，也添了新种的短尾细毛羊，前者肉美，后者毛好。是的，人畜两旺，就是草原上的新气象之一。

渔　场

这些渔场既不在东海，也不在太湖，而是在祖国的最北边，离满洲里不远。我说的是达赉湖。若是有人不信在边疆的最北边还能够打鱼，就请他自己去看看。到了那里，他就会认识到祖国有多么伟大，而内蒙古也并不仅有风沙和骆驼，像前人所说的那样。内蒙古不是什么塞外，而是资源丰富的宝地，建设祖国必不可缺少的宝地！

据说：这里的水有多么深，鱼有多么厚。我们吃到湖中的鱼，非常肥美。水好，所以鱼肥。有三条河流入湖中，而三条河都经过草原，所以湖水一碧千顷——草原青未了，又到绿波前。湖上飞翔着许多白鸥。在碧岸、翠湖、青天、白鸥之间游荡着渔船，何等迷人的美景！

我们去游湖。开船的是一位广东青年，长得十分英俊，肩阔腰圆，一身都是力气。他热爱这座湖，不怕冬天的严寒，不管什么天南地北，兴高采烈地在这里工作。他喜爱文学，读过不少的文学名著。他不因喜爱文学而藏在温暖的图书馆里，他要碰碰北国冬季的坚冰，打出鱼来，支援各地。是的，内蒙古尽管有无穷的宝藏，若是没有人肯动手采取，便连鱼也会死在水里。可惜，我忘了这位好青年的姓名。我相信他会原谅我，他不会是因求名求利而来到这里的。

风景区

扎兰屯真无愧是塞上的一颗珍珠。多么幽美呀！它不像苏杭那么明媚，也没有天山万古积雪的气势，可是它独具风格，幽美得迷人。它几乎没有什么人工的雕饰，只是纯系自然的那么一些山川草木。谁也指不出哪里是一"景"，可是谁也不能否认它处处美丽。它没有什么石碑，刻着什么什么烟树，或什么什么奇观。它只是那么纯朴的，大方的，静静的，等待着游人。没有游人呢，也没大关系。它并不有意地装饰起来，向游人索要诗词。它自己便充满了最纯朴的诗情词韵。

四面都有小山，既无奇峰，也没有古寺，只是那么静静地在青天下绣成一个翠环。环中间有一条河，河岸上这里多些，那里少些，随便地长着绿柳白杨。几头黄牛，一小群白羊，在有阳光的地方低着头吃草，并看不见牧童。也许有，恐怕是藏在柳荫下钓鱼呢。河岸是绿的，高坡也是绿的。绿色一直接上了远远的青山。这种绿色使人在梦里也忘不了，好像细致地染在心灵里。

绿草中有多少花呀。石竹，桔梗，还有许多说不上名儿的，都那么毫不矜持地开着各色的花，吐着各种香味，招来无数的蜂蝶，闲散而又忙碌地飞来飞去。既不必找小亭，也不必找石磴，就随便坐在绿地上吧。风儿多么清凉，日光可又那么和暖，使人在凉暖之间，想闭上眼睡去，所谓"陶醉"，也许就是这样吧？

夕阳在山，该回去了。路上到处还是那么绿，还有那么多的草木，可是总看不厌。这里有一片荞麦，开着密密的白花；那里有一片高粱，在微风里摇动着红穗。也必须立定看一看，平常的东西放在这里仿佛就与众不同。正是因为有些荞麦与高粱，我们才越觉得全部风景的自自然然，幽美而亲切。看，那间小屋上的金黄的大瓜哟！也得看好大半天，仿佛向来也没有看见过！

是不是因为扎兰屯在内蒙古，所以才把五分美说成十分呢？一点也不是！我们不便拿它和苏杭或桂林山水作比较，但是假若非比一比不可的话，最公平的说法便是各有千秋。"天苍苍，野茫茫"在这里就越发显得不恰当了。我并非在这里单纯地宣传美景，我是要指出，并希望矫正以往对内蒙古的那种不正确的看法。知道了一点实际情况，像扎兰屯的美丽，或者就不至于再一听到"口外""关外"等名词，便想起八月飞雪，万里流沙，望而生畏了。

南游杂感

老　舍

1962年的上半年，我没能写出什么东西来。不是因为生病，也不是因为偷懒，而是因为出游。

二月里，我到广州去参加戏剧创作会议。在北方，天气还很冷，上火车时，我还穿着皮大衣。一进广东界，百花盛开，我的皮大衣没了用处。于是就动了春游之念。在会议进行中，我利用周末，游览了从化、佛山、新会、高要等名城。广东的公路真好，我们的车子又新又快，幸福匪浅。会议闭幕后，游兴犹浓，乃同阳翰笙、曹禺诸友，经惠阳、海丰、普宁、海门等处，到汕头小住，并到澄海、潮安参观。再由潮汕去福建，游览了漳州、厦门、泉州与福州，然后从上海回北京。

回到家里，刚要拿笔，却又被约去呼和浩特，参加内蒙古自治区成立十五周年纪念大会，于是，就又离家十来天。这已是五月中了。

从北而南，从南而北，这次跑了不少路，到了不少地方。若是一一述说，很够说三天三夜的，也许难免啰唆。在路上，无暇为文，只零碎地写了一些短诗。现在，我想写点南游的感想，或不至过于琐碎。

公　园

在各地游览中，总是先逛公园，即由此说起吧。看了南北十几座名城，得到这个印象：凡是原来有的公园，都整整齐齐，采饰一新，而且添加了新的设备。几乎所有的公园里，都特为儿童们开辟了游戏场。我最爱立在这些小乐园外，看胖娃娃们打秋千，溜滑板，骑五彩的木马。真好看！我在幼年时，没有享过此福。看到这些幸福的娃娃，我不由地就想到中国的明天。谁知道他们将来会作出什么惊天动地的事呢！

从前没有公园的城市，不管规模大小，现在都添辟了公园。这是城市人民生活中的一件大事。

在解放前，有些公园破破烂烂，有名无实。今天，不管是原有的，还是新辟的，都的确像公园了。

同时，公园里的饭馆、茶馆也变了样子。从前，这些是有闲阶级消磨时光的地方。他们吃饱喝足，就该评论来来往往的妇女们的头脚了。今天，顾客主要是劳动人民。这是个极大的变化。从前，我不敢多到公园去，讨厌那些饱食终日，言不及义的闲人们。现在，一进公园，看到花木的繁茂，亭池的美丽，精神已为之一振。及至看到游人，心里便更加高兴。看，劳动人民扶老携幼，来过星期日或别的假日，说着笑着，或三五友人聚餐，或全家品茗休息，多么美丽呀！公园美，人健康，生活有所改善，不是最足令人高兴的事么？这真是"劳动人民干净土，百花今始识风流"啊！——这就是我那些不像诗的诗中的两句。

招待所

在广东、福建各处，有个北方不大见到的光景。这就是不少的城市都有很体面的招待所，招待归国观光的侨胞。人民热爱侨胞，这是一个证明。在我路过流沙的时候，我就是在还未完工的一座这种招待所，休息了半天的。流沙是个不大的地方，招待所却相当体面。这使我非常高兴：想当初，我在国外的时候，我虽是北方人，可是每逢遇见闽、粤的侨胞，便彼此像看见了亲人。他们问长问短，迫切地打听祖国的情况。那时候，国内正值国民党当权，内政外交无一是处。我对他们说什么呢？没的可说，只好相对惨笑。今天，侨胞们可以回来看看了，祖国真是百废俱兴，气象一新！就拿流沙这个不大的地方来说吧，就有很体面的电影院、戏院、革命纪念馆、水库等等。在戏院里，我们看到最好的潮剧。在那条不长的街道上，卖热炸豆腐的、凉粉的、豆浆的、炒面的、水果的……色香俱美，品种繁多。不错，祖国在建设中不能不遇上一些困难；可是，翻了身的中华儿女还会叫困难吓倒吗？不会！绝对不会！遇见困难便去克服！克服了困难，便长了经验，长了本领，从而干得更好，更快，不是吗？

文　物

在新中国成立前，去看名胜古迹几乎是一种痛苦。举例说：三十年前，我到过河南的龙门。那里的千年以上的雕塑杰作久已驰誉全世。可是，多少多少精美佛像的头，已被帝国主义者勾结我国奸商砍下来偷运到他们国家去了！这多么令人伤心啊！龙门如是，别处也如是，就是北京的文物也难逃此劫：古寺名园中许多珍贵的艺术品，有的被帝国主义者偷走，有的被国民党的军队肆意破坏了。

今天，凡是值得保存的文物都加以保护，并进行研究，使我们感到自豪。不但广州、福州的古寺名园或修葺一新，或加以保护，就是佛山的祖祠，高要的七星岩，也都是古迹重光，辉煌灿烂。这使我们多么高兴啊！我们有悠久的历史，有古老的文化，文物的保护不但增加我们的历史与艺术知识，而且也使我们更热爱祖国啊！昔日观光，感到痛苦；今日游览，令人兴奋！

戏　剧

在广东、福建各地游览，几乎每晚都有好戏看。粤剧、潮剧、话剧、闽剧、高甲戏、莆仙戏……没法看完，而且都多么精彩啊！最令人高兴的是每个剧种都有了传人，老师傅们把绝技毫无保留地传授给男女学徒。那些小学生有出息，前途不可限量。师傅教的得法，学生学的勤恳，所以学得快，也学的好。看到这么多剧种争奇斗妍，才真明白了什么叫百花齐放，而且是多么鲜美的花呀！我爱好文艺，见此光景，自然高兴；我想，别人也会高兴，谁不爱看好戏呢？

关于我的南游，说到此为止。设若有人问：内蒙古的风光如何呢？回答是：气候、山水不同，而人民的干劲也同样冲天，各方面的建设都有很大的成绩，即不多赘。

下乡简记

老　舍

　　地点：密云县城关公社的檀营大队。檀营位于密云县城外东北，约五里。

　　原因：为什么要到檀营去？因为这里有不少满、蒙旗人。在辛亥革命以前，满、蒙旗人以当兵吃粮为主要出路，往往是一人当兵，全家都吃他的那一份钱粮，生活很困难。赶到辛亥革命以后，旗兵钱粮停发，生活可就更困难了。旗兵只会骑马射箭，不会种地，没有手艺；钱粮一停，马上挨饿。他们的子弟呢，只有少数的念过书，或学过手艺，可以找点工作；大多数的青年既无文化，又不善于劳动，只好去做些小生意，往往连自己也养不活。原来，清朝皇帝对旗人的要求，就是只准报效朝廷，不许自谋生计。这就难怪他们不善于劳动了。辛亥革命呢，又有点笼统地仇视一切满人。这么一来，整整齐齐的檀营就慢慢地变成"叫花子营"了！有的人实在当无可当，卖无可卖，便拆毁了营房，卖了木料；有的甚至卖儿卖女！拆典当卖，死走逃亡，悲惨万状。这里原有满、蒙旗人二千户，是乾隆四十五年由北京调拨来的，担任皇帝到承德去避暑或狩猎的中途保卫工作。到解放时，只剩下了二百多户，都极穷困。因此，我要去看看他们今天是怎样活着呢。

　　今天的情况：解放后，他们分得了土地，由无业变为有土地的农民。这是个极大的变化！分得了土地，他们可是不会耕种。汉人教给了他们耕作技术，政府帮助他们添置了农具，买了牲口。他们逐渐掌握了技术，由不会劳动变为会劳动。随着农业合作化运动，他们先后办起了互助组与公社，年年增产，有了信心，由会劳动变为热爱劳动。

　　那些位孤苦的老人，因壮年时贫困，无力结婚，没人照应，今天都得到照顾。孩子们呢，村里有两处小学，可以去读书。大队里人多地少，就搞些副业，增加收入。政府又帮助开了一道大渠，把水库的水从山后引进来，可以灌田增产。老的营房或加以修补，或另建新房，新房都既坚固又敞亮。我所访问到的农家里，都养着鸡、猪；院里种着玉米、白薯，或果木青菜。村里有了电灯。

感想：上述的一点很简略的事实，却含有极深刻的意义。劳动救活了一大群已快饿死的人，起死回生！在辛亥革命以前，满、蒙旗人以当兵吃粮为业，管钱粮叫做铁杆庄稼。事实上，服兵役的才有一份钱粮，当不上兵的并没有收入，铁杆庄稼并养不活一家人。现在，在公社制度下，只要肯参加集体生产劳动，全家全族就都能吃饱穿暖，幸福日增。社会主义才是真的铁杆庄稼！

有一位七十岁的满族老人说得好："在解放前，我看不到任何活路儿，只好等死！可是，从第一回看到解放军，我就看明白：我又活了！从那天起，我就决定听党与毛主席的话，叫我怎办我怎办！"是的，这位老人便是办互助组与公社的积极分子之一。现在，他已年高体弱，不能劳动了。可是，他的声音还是那么响亮，时常用他的话鼓舞社员们积极生产，爱护集体。我想，他的话实在是说出了大队中所有的满、蒙旗人的爱党与感激毛主席的心情。

在北京城里，我看到了许多满、蒙族的亲戚朋友，如何在解放后由失业而就业，由无衣无食而吃饱穿暖。可是，这些人与事都是分散的，东一个西一个的。虽然由每一个这样的人与事上，都能使我联想到分散在全国各地的满、蒙旗人全会得救，可是我心中到底似乎缺少一个更具体更鲜明更大一些的事例。在檀营，我找到了这样的例子。这里还有二百多户满、蒙旗人，有的还住着二百来年前建造的营房，有的老太太还梳着旗髻。有了这个较大的事例，我就能够更具体地向全世界说：看，在中华人民共和国里，我们满、蒙旗人又都活了，而且活得愉快，有意义，因为我们是在民族的大家庭里同各民族的兄弟姐妹一齐劳动，一齐建设社会主义！这是多么了不起的事啊！

好，就要再多去看看，据说在西山面前，在东陵……也有满、蒙旗人在公社里劳动，过着幸福的生活。就要去看看，并希望写出些文章来，证明新中国各民族的人民如何团结，如何平等，如何欢快，如何热烈爱戴党与毛主席！

附 录

老舍谈艺录：小说是人类对自己的关心

怎样写小说

老 舍

小说并没有一定的写法。我的话至多不过是供参考而已。

大多数的小说里都有一个故事，所以我们想要写小说，似乎也该先找个故事。找什么样子的故事呢？从我们读过的小说来看，什么故事都可以用。恋爱的故事，冒险的故事固然可以利用，就是说鬼说狐也可以。故事多得很，我们无须发愁。不过，在说鬼狐的故事里，自古至今都是把鬼狐处理得象活人；即使专以恐怖为目的，作者所想要恐吓的也还是人。假若有人写一本书，专说狐的生长与习惯，而与人无关，那便成为狐的研究报告，而成不了说狐的故事了。由此可见，小说是人类对自己的关心，是人类社会的自觉，是人类生活经验的纪录。那么，当我们选择故事的时候，就应当估计这故事在人生上有什么价值，有什么启示；也就很显然的应把说鬼说狐先放在一边——即使要利用鬼狐，发为寓言，也须晓得寓言与现实是很难得谐调的，不如由正面去写人生才更恳切动人。

依着上述的原则去选择故事，我们应该选择复杂惊奇的故事呢，还是简单平凡的呢？据我看，应当先选取简单平凡的。故事简单，人物自然不会很多，把一两个人物写好，当然是比写二三十个人而没有一个成功的强多

189

了。写一篇小说，假如写者不善描写风景，就满可以不写风景，不长于写对话，就满可以少写对话；可是人物是必不可缺少的，没有人便没有事，也就没有了小说。创造人物是小说家的第一项任务。把一件复杂热闹的事写得很清楚，而没有创造出人来，那至多也不过是一篇优秀的报告，并不能成为小说。因此，我说，应当先写简单的故事，好多注意到人物的创造。试看，世界上要属英国狄更司的小说的穿插最复杂了吧，可是有谁读过之后能记得那些钩心斗角的故事呢？狄更司到今天还有很多的读者，还被推崇为伟大的作家，难道是因为他的故事复杂吗？不！他创造出许多的人哪！他的人物正如同我们的李逵、武松、黛玉、宝钗，都成为永远不朽的了。注意到人物的创造是件最上算的事。

　　为什么要选取平凡的故事呢？故事的惊奇是一种炫弄，往往使人专注意故事本身的刺激性，而忽略了故事与人生有关系。这样的故事在一时也许很好玩，可是过一会儿便索然无味了。试看，在英美一年要出多少本侦探小说，哪一本里没有个惊心动魄的故事呢？可是有几本这样的小说成为真正的文艺的作品呢？这种惊心动魄是大锣大鼓的刺激，而不是使人三月不知肉味的感动。小说是要感动，不要虚浮的刺激。因此，第一，故事的惊奇，不如人与事的亲切；第二，故事的出奇，不如有深长的意味。假若我们能由一件平凡的故事中，看出他特有的意义，则人同此心，心同此理，它便具有很大的感动力，能引起普遍的同情心。小说是对人生的解释，只有这解释才能使小说成为社会的指导者。也只有这解释才能把小说从低级趣味中解救出来。所谓《黑幕大观》一类的东西，其目的只在揭发丑恶，而并没有抓住丑恶的成因，虽能使读者快意一时，但未必不发生世事原来如此，大可一笑置之的犬儒态度。更要不得的是那类嫖经赌术的东西，作者只在嫖赌中有些经验，并没有从这些经验中去追求更深的意义，所以他们的文字只导淫劝赌，而绝对不会使人崇高。所以我说，我们应先选取平凡的故事，因为这足以使我们对事事注意，而养成对事事都探求其隐藏着的真理的习惯。有了这个习惯，我们既可以不愁没有东西好写，而且可以免除了低级趣味。客观事实只是事实，其本身并不就是小说，详密的观察了那些事实，而后加以主观的判断，才是我们对人生的解释，才是我们对社会的指导，才是小说。对复杂与惊奇的故事应取保留的态度，假若我们在复杂之中找不出必然的一贯的道理，于惊奇中找不出近情合理的解释，我们最好不要动手，因为一存以热闹惊奇见胜的心，我们的趣味便低级了。再说，就是老手名家也往往吃亏在故事的穿插太乱、人物太多；即使部分上有极成功的地方，可是全体的不匀调，顾此失彼，还是劳而无功。

在前面，我说写小说应先选择个故事。这也许小小的有点语病，因为在事实上，我们写小说的动机，有时候不是源于有个故事，而是有一个或几个人。我们倘然遇到一个有趣的人，很可能的便想以此人为主而写一篇小说。不过，不论是先有故事，还是先有人物，人与事总是分不开的。世界上大概很少没有人的事，和没有事的人。我们一想到故事，恐怕也就想到了人，一想到人，也就想到了事。我看，问题倒似乎不在于人与事来到的先后，而在于怎样以事配人，和以人配事。换句话说，人与事都不过是我们的参考资料，须由我们调动运用之后才成为小说。比方说，我们今天听到了一个故事，其中的主人翁是一个青年人。可是经我们考虑过后，我们觉得设若主人翁是个老年人，或者就能给这故事以更大的感动力；那么，我们就不妨替它改动一番。以此类推，我们可以任意改变故事或人物的一切。这就仿佛是说，那足以引起我们注意，以至想去写小说的故事或人物，不过是我们主要的参考材料。有了这点参考之后，我们须把毕生的经验都拿出来作为参考，千方百计的来使那主要的参考丰富起来，像培植一粒种子似的，我们要把水分、温度、阳光……都极细心的调处得适当，使他发芽，长叶开花。总而言之，我们须以艺术家自居，一切的资料是由我们支配的；我们要写的东西不是报告，而是艺术品——艺术品是用我们整个的生命、生活写出来的，不是随便的给某事某物照了个四寸或八寸的像片。我们的责任是在创作：假借一件事或一个人所要传达的思想，所要发生的情感与情调，都由我们自己决定，自己执行，自己作到。我们并不是任何事任何人的奴隶，而是一切的主人。

遇到一个故事，我们须亲自在那件事里旅行一次，不要急着忙着去写。旅行过了，我们就能发现它有许多不圆满的地方，须由我们补充。同时，我们也感觉到其中有许多事情是我们不熟悉或不知道的。我们要述说一个英雄，却未必不教英雄的一把手枪给难住。那就该赶紧去设法明白手枪，别无办法。一个小说家是人生经验的百货店，货越充实，生意才越兴旺。

旅行之后，看出哪里该添补，哪里该打听，我们还要再进一步，去认真的扮作故事中的人，设身处地的去想象每个人的一切。是的，我们所要写的也许是短短的一段事实。但是假若我们不能详知一切，我们要写的这一段便不能真切生动。在我们心中，已经替某人说过一千句话了，或者落笔时才能正确地用他的一句话代表出他来。有了极丰富的资料，深刻的认识，才能说到剪裁。我们知道十分，才能写出相当好的一分。小说是酒精，不是掺了水的酒。大至历史、民族、社会、文化，小至职业、相貌、习惯，都须想过，我们对一个人的描画才能简单而精确地写出，我们写的事必然是我们要写的人所能担负得起的，我们要写的人正是我们要写的事的必然的当事人。这样，我们的小说才能皮裹着肉，肉撑着皮，自然的相联，看不出虚构的痕迹。小说要完美如一朵鲜花，不要像二簧行头戏里的"富贵衣"。

对于说话、风景，也都是如此。小说中人物的话语要一方面负着故事发展的责任，另一方面也是人格的表现——某个人遇到某种事必说某种话。这样，我们不必要什么惊奇的言语，而自然能动人。因为故事中的对话是本着我们自己的及我们对人的精密观察的，再加上我们对这故事中人物的多方面想象的结晶。我们替他说一句话，正像社会上某种人遇到某种事必然说的那一句。这样的一句话，有时候是极平凡的，而永远是动人的。

我们写风景也并不是专为了美，而是为加重故事的情调，风景是故事的衣装，正好似寡妇穿青衣，少女穿红裤，我们的风景要与故事人物相配备——使悲欢离合各得其动心的场所。小说中一草一木一虫一鸟都须有它的存在的意义。一个迷信神鬼的人，听了一声鸦啼，便要不快。一个多感的人看见一片落叶，便要落泪。明乎此，我们才能随时随地的搜取材料，准备应用。当描写的时候，才能大至人生的意义，小至一虫一蝶，随手拾来，皆成妙趣。

以上所言，系对小说中故事、人物、风景等作个笼统的报告，以时间的限制不能分项详陈。设若有人问我，照你所讲，小说似乎很难写了？我要回答也许不是件极难的事，但是总不大容易吧！

怎样读小说

老　舍

　　写一本小说不容易，读一本小说也不容易。平常人读小说，往往以为既是"小"说，必无关宏旨，所以就随便一看，看完了顺手一扔，有无心得，全不过问。这个态度，据我看来，是不大对的。光是浪费了光阴么？我们要这样去读小说，何不去玩玩球，练练武术，倒还有益于身体呀？再说，小说之所以能够存在，并不见完全因为它"小"而易读，可供消遣。反之，它之所以能够存在，正因为它有它特具的作用，不是别的书籍所能替代的。化学不能代替心理学，物理学不能代替历史；同样的，别的任何书籍也都不能代替小说。小说是讲人生经验的。我们读了小说，才会明白人间，才会知道处身涉世的道理。这一点好处不是别的书籍所能供给我们的。哲学能教咱们"明白"，但是它不如小说说得那么有趣，那么亲切，那么动人，因为哲学太板着面孔说话，而小说则生龙活虎的去描写，使人感到兴趣，因而也就不知不觉地发生了潜移默化的作用。历史也写人间，似乎与小说相同。可是，一般的说，历史往往缺乏着文艺性，使人念了头疼；即使含有文艺性，也不能像小说那样圆满生动，活灵活现。历史可以近乎小说，但代替不了小说。世间恐怕只有小说能原原本本、头头是道的描画人世生活，并且能暗示出人

194

生意义。就是戏剧也没有这么大的本事，因为戏剧须摆在舞台上去，而舞台的限制就往往教剧本不能像小说那样自由描画。于此，我们知道了，小说是在书籍里另成一格，也就与别种书籍同样的有它独立的、无可代替的价值与使命。它不是仅供我们念着"玩"的。

读小说，第一能教我们得到益处的，便是小说的文字。世界上虽然也有文字不甚好的伟大小说，但是一般的来说，好的小说大多数是有好文字的。所以，我们读小说时，不应只注意它的内容，也须学习它的文字，看它怎么以最少的文字，形容出复杂的心态物态来；看它怎样用最恰当的文字，把人情物状一下子形容出来，活生生的立在我们的眼前。况且一部小说，又是有人有景有对话，千状万态，包罗万象，更是使我们心宽眼亮，多见多闻；假若我们细心去读的话，它简直就是一部最好的最丰富的模范文。反之，假若我们读到一部文字不甚好的小说，即使它有些内容，我们也就知道这部小说是不甚完美的，因为它有个文字拙劣的缺点。在我们读过一段描写人，或描写事物的文字以后，试把小说放在一边，而自己拟作一段，我们便得到很不小的好处，因为拿我们自己的拟作与原文一比，就看出来人家的是何等简洁有力，或委婉多姿。而且还可以看出来，人家之所以能体贴入微者，必是由真正的经验而来，并不是先写好了"人生于世"而后敷衍成章的。假若我们也要写好文章，我们便也应该去细心观察人生与事物，观察之后，加以揣摩，而后我们才能把其中的精彩部分捉到，下笔如有神矣。闭着眼睛想是写不出来东西的。

文字以外，我们该注意的是小说的内容。要断定一本小说内容的好坏，颇不容易，因为世间的任何一件事都可以作为小说的材料，实在不容易分别好坏。不过，大概的说，我们可以这样来决定：关心社会的便好，不关心社会的便坏。这似乎是说，要看作者的态度如何了。同一件事，在甲作家手里便当作一个社会问题而提出之，在乙作家手里或者就当作一件好玩的事来说。前者的态度严肃，关切人生；后者的态度随便，不关切人生。那么，前者就给我们一些知识，一点教训，所以好；后者只是供我们消遣，白费了我们的光阴，所以不好。青年们读小说，往往喜爱剑侠小说。行侠仗义，好打不平，本是一个黑暗社会中应有的好事。倘若作者专向着"侠"字这一方面去讲，他多少必能激动我们的正义感，使我们也要有除暴安良的抱负。反之，倘若作者专注意到"剑"字上去，说什么口吐白光，斗了三天三夜的法而不分胜负，便离题太远，而使我们渐渐走入魔道了。青年们没有多少判断能力，而且又血气方刚，喜欢热闹，故每每以惊奇与否断定小说的好歹，而不知惊奇的事未必有什么道理，我们费了许多光阴去阅读，并不见得有丝毫的好处。同样的，小说的穿插若专为故作惊奇，并不见得就是好作品，因为卖关子，耍笔调，都是低卑的技巧；而好的小说，虽然没有这些花样，也自能引人入胜。一部好的小说，必是真有的说，真值的说；它决不求助于小小的技巧来支持门面。作者要怎样说，自然有个打算，但是这个打算是想把故事拉得长长的，好多赚几个钱。所以，我们读一本小说，绝不该以内容与穿插的惊奇与否而定去取，而是要以作者怎样处理内容的态度，和怎样设计去表现，去定好坏。假若我们能这样去读小说，则小说一定不是只供消遣的东西，而是对我们的文学修养，与处世的道理，都大有裨益的。

形式·内容·文字

老　舍

　　假若我有个弟弟，他一时高兴起来要练习写写小说。我想，很自然的，他必来问我应该怎样写，因为我曾经发表过几篇小说。我虽没有以小说家自居过，可是在他的心目中大概我总是个有些本领的人物。既是他的哥哥，我一定不肯扫他的兴，尽管我心里并没有什么宝贝，似乎也得回答他几句——对不对，不敢保险，不过我决不会欺骗他，他是我的老弟呀！

　　我要告诉他：

　　一、形式。小说没有什么一定的图样，但必须有个相当完整的形式，好教故事有秩序的、有计划的去发展。社会上的真事体，有许多是无结果而散的，有许多是千头万绪乱七八糟的；我们要照样去写，就恐怕是白费力而毫无效果。因此，我们须决定一个形式，把真事体加以剪裁和补充，以便使人看到一个相当完整的片段。真事体不过是我们的材料，盖起什么样的房子却由我们自己决定。我们不要随着真事体跑，而须教事体随着我们走。这样，我们才不至于把人物写丢了，或把事体写乱了。一开头写张三，而忽然张三失踪，来了个李四；李四又忽然不见，再出来个王五，一定不是好办法。事情也是如此，不能正谈着抗战，忽然又出来了《红楼梦》。人物要固定，事情要有范围。把人物与事情配备起来，像一棵花草似的那么有根、有枝、有叶、有花，才是小说。

二、内容。小说的内容比形式更自由。山崩地裂可以写，油盐酱醋也可以写。不过，无论写什么，我们必须给事情找出个意义来，作为对人们的某一现象的解释。我们不仅报告，也解释，好使读者了解人生。这种解释可不是滔滔不绝的发议论，不是一大篇演说，而是借着某件事暗示出来的，教人家看了这段具体的事，也就顺手儿看出其中的含意。因此，我们要写某件事，必须真明白某件事，好去说得真龙活现，使人信服，使人喜悦，使人在接受我们的故事时，也就不知不觉的接受了我们的教训。假若我们说打仗而不像打仗，说医生而像种田的，便只足使人笑我们愚蠢，而绝难相信我们的话了。我们须找自己真懂得的事去写。每写一件事必须费许多预备的工夫，去调查，去访问；绝对不可随便说说，而名之为小说。

单是事情详密还不算尽职。我们还得写出人来。小说既是给人生以解释，它的趣味当然是在"人"了。若是没有人物，虽然我们写出山崩地裂，或者天上掉下五条猛虎来，又有什么好处呢？人物才是小说的心灵，事实不过是四肢百体。

小说中最要紧的是人物，最难写的也是人物。我们日常对人们的举止动作要极用心的去观察，对人情世故要极细心的去揣摩，对自己的感情脾气要极客观的去分析，要多与社会接触，要多读有名的作品。我们免不了写自己，可是万不可老写自己；我们必须像戏剧演员似的，运用我们的想象，去装甲是甲，装乙是乙。我们一个人须有好多份儿心灵、身体。

三、文字。小说是用文字写成的，没有好的文字便什么也写不出。文字是什么东西呢？用不着说，它就是写在纸上的言语。我们都会说话，我们便应当会用文字。不过，平日我们说话往往信口开河，而写下来的文字必须有条有理，虽然还是说话，可是比说话简单精确。因此我们也须在文字上花一番琢磨的工夫。我们要想：这个感情，这个风景，这个举动，要用什么字才能表示得最简单、最精确呢？想了一回，再想一回，再想一回！这样，我们虽然还是用了现成的言语，可是它恰好能传达我们所要描写的，不多绕弯，不犹疑，不含混，教人一看便能得到个明确的图像。我们必须记得，我们是在替某人说话，替某事说话，替某一风景说话，而不是自己在讲书，或乱说。我们的心中应先有了某人某事某景，而后设法用文字恰当的写出；把"怒吼吧""祖国""原野""咆哮"……凑到一块儿，并不算尽了职责！我们的文字是心中制炼出来的言语，不是随便东拾一字，西抄一词的"富贵衣"。小说注重描写，描写仗着文字，那么，我们的文字就须是以我们的心钻入某人某事某景的心中而掏出来的东西。这样，每个字都有它的灵魂，都有它必定应当存在的地方；哪个字都有用，只看我们怎样去用。若是以为只有"怒吼吧""祖国"……才是"文艺字"，那我们只好终日怒吼，而写不成小说了！文字是我们的工具，不是我们的主人。假若我们不下一番工夫，不去想而信笔一挥，我们就只好拾些破铜烂铁而以为都是金子了。

略谈人物描写

老 舍

　　对于人物的描写，我看到过三种：第一种，我管它叫作工笔画的。这就是说，它如工笔画的人物，一眼一手都须描上多少多少笔，细中加细，一笔不苟，死下工夫。我不喜欢此法。因一眼一手并不足代表全人，设为一眼而写万字，则是浪费笔墨，使人只见一眼，而失其人。且欲求人物之生动，不全在相貌的特殊，而多赖性格与行动的揭露与显示。性格与处境相值，逼出行动；行动乃内心的面貌。以此面貌与眉目口鼻相映，则全人毕显矣。反之，若极求外貌描写之精详，而无法使之活动，是解剖工作，非创造矣。且艺术作品中之描写，要在以经济的手段，扼要提出，使读者一目了然，且得深刻印象。若尽意刻画一眼一鼻，以至全身衣冠带履，而失其全人生活力量，是小女儿精心刺绣，纵极工致，不能成为艺术作品。

　　第二种是偏重心理的描写，把人的内心活动，肆意揭发。人之独白，人之幻想，人之呓语，无不细细写出，以洞见其肺肝。此种描写，得心理之助，亦不无可取之处。但过于偏重，往往因入骨三分，致陷于纤弱细巧——只有神经，而无骨骼。且致力于此者，最易追求人的隐私，而忘人生与社会的关系。"食色性也"，欲揭破人心之秘，势必先追求"性也"之私，因而往往堕于淫秽琐碎。此种写法，以剖析为手段，视繁琐为重大，自难健康。且出发点在"心"，则设计遣材势必随此而定，细巧轻微的末屑，尽成宝贵的材料；忘去社会，乃为必然——可以博得少数人的欣赏，殊难给人生以重大的训教与指导。

第三种，我管它叫作戏剧的描写法。写戏剧的人应当把剧中人物预先想好，人物的家世、性格、职业、习惯……都想了再想，一闭目便能有全人立于眼前。然后，他才能使这些人遇到什么样的事件，便立刻起决定的反应。所以，戏剧虽仅有对话，而无一语不恰好的配备着内心的与身体上的动作。写小说，虽较戏剧方便，可以随时描写人物的一切，可是我以为最好是采取戏剧的写法，把人物预先想好，以最精到简洁的手段，写出人物的形貌，以呈露其性格与心态。这样，人物的描写既不烦琐——如第一种，复无病态——如第二种；而是能康健的、正确的，写出人与事之联结，外貌与内心的一致或相反。健康的作品中，其人物的描写或多用此法。

论创作

老 舍

要创作当先解除一切旧势力的束缚。文章义法及一切旧说，在创作之光里全没有存在的可能。

对于旧的文艺，应有相当的认识，不错，因为它们自有它们的价值。但是不可由认识古物而走入迷古；事事以古代的为准则，便是因沿，便是消失了自身。即使摹古有所似，究是替古人宣传。即使考古有所获，究是文学以外之物，不是文学的本身。

托尔司太说："每人都有他的特性，和他独有的，个人的，奇异的，复杂的疾病。这点疾病是医学中所不知道的，它不是医书中所载之肺病，肝病，皮肤病，心脏病，神经病；它是由这各种机关的不调和而成的。这个道理是医生所不能晓得的。"这段话很好拿来说明文学的认识：好考证的，好研究文章义法的，好研究诗词格律的，好考究作家历史的，好玩弄版本沿革的，都足以著书立论，都足以作研究文学的辅助；但这些东西都不是文学的本身，文学的本身是高于这一切，而不是这些专家所能懂的。

在旧书中讨生活的可以作学者，作好教授；但是往往流于祖古，心灵便滞塞了；往往抱着述而不作的态度，这个态度便是文学衰死的先兆。

抱着"松花"是不会孵出小鸡的。想孵出小鸡，顶好找几个活卵。

读一本伟大的创作，便胜于读一百本关于文学的书。读过几段《红楼梦》，便胜于读十几篇红楼考证的文字。文学是生命的诠解，不是考古家的玩艺儿。

文学的批评不是一字一句的考证，是欣赏，是估定文学的价值。我们"真"读了杜甫，便不再称他为"诗圣"，因为还要拿他与世界上的大诗人比一比，以便看出他到底怎么高明。这样看出短长，我们便不复盲从，不再迷信自家古物。承认杜甫没有莎士比亚伟大，决不是污蔑杜甫，我们要知道的是世界上最好的作品；世界！抱着几本黄纸线装书便不能满足我们了！

孔子说：读诗可以迩之事父，远之事君，多识于鸟兽草木之名。在文学史中，这些话便是好材料。从文学上看，孔子对于诗根本是外行。真要多识鸟兽草木之名，动植物教科书岂不更有用，何必读诗？我们今日还拿孔子的话说诗，便是糊涂。以孔子的话还给孔子，以我们自己的眼光认识文学，才真能有所了解。

不因沿才有活气，志在创作才有生命。

我们的《红楼梦》节翻成英文，我们的《三国志演义》也全部译成外国语，对于外国文学有什么影响？毫无影响！再看看俄国诸大家的作品，一经翻译，便震动了全世界！不要自馁，我们的好著作叫人家比下去，不是还有我们吗？努力创作，只有创作是发扬国光，而利泽施于全世的。

我们自有感情，何必因李白、白乐天酒后牢骚，我们也就牢骚。我们自有观察力，何必拿"盈盈宝靥，红醋春晓之花；浅浅蛾眉，黛画初三之月"等等敷衍。我们自有判断，何须借重古句古书。因袭偷巧是我们的大毛病，这么一个古国，这么多的书籍，真有高超思想，妙美描写的，可有几部？真诚是为文第一要件，藉风花雪月写我们的心情，要使读者，读了文字，也读心情，看不出文字与心灵的分歧处。文字是工具，是符号；思想感情是个人的，是内心的。文字通过心灵的锻炼，便成了个人的。风花雪月是外面的，经过心灵的浸洗，便是由心灵吹出来的风花月雪的现象，使读者看见，同时也闻到花的香，听到风的响，还似醉非醉，似梦非梦的迷恋在这诗境之中，这便是文学作品的成功。

批评家可以不会创作，而没有一个创作家不会批评的。在他下笔之前，对于生命自然已有了极详细的视察，极严格的批评，然后才下笔写东西。读文者是由认识而批评而指导，正如作者之由认识而批评而指导。

反之，作者是抄袭摹拟，读者是挑剔字句的毛病，这作者读者便该捆在一处，各打四十大板。

对于生命与自然由认识批评指导，才能言之有物。批评不是专为挑剔毛病，要在指导。胡适先生批评旧文字的弊病，同时他指导出新文字的应用，于是这几年来文学界中才有一些生气。指导是积极的，对于文学的发展，效力最大。

文字的限制是中国文学不伟大的一因。文字呆板，加以因袭的毛病，文学便成了少数人的玩艺，而全无生气。抄袭旧辞，调弄平仄是瓦匠砌墙，不是大建筑家的计划。现在好了，文字的束缚除解了许多，我们可以用活文字写东西了。可是毛病还有：第一，白话的本身是很穷窘的，句的结构太少变化，字的太少伸缩，文法的太简单，用字的简少，都足以妨碍思想发表的自由。但是这文字本身的恶劣，我们既不打算采用某种外国语来代替，也就只好努力利用这不漂亮的国货。第二，白话已是成形的东西，可是白话文学还在萌芽期中，这便是我们的责任来创筑一座新的金塔。我们最大的毛病便是不肯吃苦，每当形容景物，便感觉到白话的简陋不够用，而去偷几个古字来撑门面。有的更聪明一点，便把偷来的辞句添上个"吗""呢""哟"来冒充自造。这便是二荤铺添女招待，原来卖得还是那些菜。

有思想自是作文最重要的事，但是不要忘了文学是艺术中的一个星球，美也是最要的成分。假如我们只有好思想，而不千锤百炼的写出来，那便是报告，而不是文艺。文学的真实，是真实受了文学炼洗的；文学家怎样利用真实比是不是真实还要紧。在文字上不下一番工夫，作品便不会高贵。我们应有作八股文的态度，字字句句要细心配对，我们的作品，要成为文字的结晶，要使读者不再想引用古句，而引用我们自己的话。我们不能改变过去，但将来的历史是由我们造成的！使将来的人们忘了《离骚》，诸子，而引据我们，是我们应有的野心。有人说：兴会所至，下笔万言，不增删一字。这或者是事实，可是我不敢这样信，更不敢这样办。"他永远是作文章，点，冒号，分号，惊叹号，问号永远在他的眼前。"这是乔治姆耳称赞沃路特儿拍特儿的话，也是我们当遵从的。

要看问题：凡是一件事的发生，不会被喊打倒的打倒，也不会因有喊万岁而万岁。文学家的态度是细细看问题，然后去指导。没有问题，文学便渐成了消闲解闷之品；见着问题而乱嚷打倒或万岁，便只有标语而失掉文学的感动力。伟大的创作，由感动渐次的宣传了主义。粗劣的宣传，由标语而毁坏了主义。

创作：抛开旧势力的重负，抱着批评的态度，有了自己的思想，用着活的文字，看着一切问题，我们的国家已经破产，我们还甘于同别人一块儿作梦吗？我们忠诚于生命，便不能不写了。在最近二三十年我们受了多少耻辱，多少变动，多少痛苦，为什么始终没有一本伟大的著作？不是文人只求玩弄文字，而精神上与别人一样麻木吗？我们不许再麻木下去，我们且少掀两回《说文解字》，而去看看社会，看看民间，看看枪炮一天打杀多少你的同胞，看看贪官污吏在那里要什么害人的把戏。看生命，领略生命，解释生命，你的作品才有生命。看，看便起了心灵的感应，这个感应便是生命的呼声。看，看别人，也看自己；看外面，也用直觉；这样便有了创作的训练。

创作！不要浮浅，不要投机，不计利害。活的文学，以生命为根，真实作干，开着爱美之花。

谈通俗文艺

老 舍

通俗文艺很难写：

（一）文字：通俗文艺的文字不一定俗，《三侠五义》并不比我们写的东西俗着多少，而比《三侠五义》更文雅的通俗文艺还有很大一堆。大鼓书词时时近乎诗，而牌子曲简直的是诗了。有些粗蠢的字，是旧玩艺里所不敢用的，而我们却有时连"×"也懒得画。前者通俗，后者反难打入民间，是何道理？

也许是这么回事：既有通俗文艺，即使文字不完全通俗，可是照直叙述，不大拐弯，到非拐弯不可的时候，必先交代清楚，指出这可要用倒插笔，或什么什么笔了。这样，文字即使有难懂之处，但跳过几个字去，并无碍于故事的发展。幼时，读小说，到"有诗为证"的地方，我即跳远，可是依然明白一枝梅或北霸天的来踪去路。稍长，晚间为姑母姐姐等朗诵闲书，遇到不识之字即马虎一下，她们还能听得明白。

新文艺好拐弯，一来是图经济，二来讲手法。电影中诸般技巧，都拿来应用，还掺上一些"……"与"××"什么的。结果，读者莫名其妙，抓头不是尾，乃叹难懂。虽作者尽量的用"妈的"或更蠢的字，以示接近下层生活，而此等"妈的"乃绕弯而来：前面一大套莫名其妙，此处忽来一"妈的"，俗则俗矣，可是别扭奇怪，乃失其俗。《铸情》《双城记》等在此院卖满，《火烧红莲寺》亦在彼院卖满，彼院观众若读小说，必爱《三侠五义》，而拒绝你我的短篇，或甚长于长篇。

通俗文艺的文字，据我看，应当痛快爽朗。

俗有新旧之分。历史使文渐渐变俗，试到茶馆听评书，说者满口四六句儿，而听者多数赤足大汉，何以津津有味，天天来听？盖"赤胆忠心"，"杏眼蛾眉"，"生而何欢，死而何惧"，"君子之德风，小人之德草"，等等，俱有长久的历史由文而俗，有一定的反应。现成，有力，故一经用出，即呈明朗图像。反之，若说"眼光投了个弧形，引起些微茫的伤感"，则俗而新，弧形与伤感尚未普遍化，当然没有作用。通俗文艺难写，即在此处，我们所受的教育把我们的言语造成了另一种类，俗虽俗矣，怎奈我之俗仅有很短的历史，而新则近乎文矣。

通俗文艺的文字，据我看，应当现成，通大路。

（二）内容：新文艺，因受西洋文艺的影响，每每爱要情调，把一件小事能说得很长。新小说里描写一位爱人吃苹果，也许比张飞夜战马超那场恶斗还长出许多许多。这种情调往往是抒情的，伤感的，似有若无，灵空精巧。而一般人呢，他们却喜爱好的故事——有头有尾，结结实实，《今古奇观》里的故事差不多都是满腔满馅的，而《济公传》已不知有了多少"续"。续而再续，老是那些套数，可是只要济公不闲着就好。见景生情是诗人的事，因事断事是一般人的事，普通人读书原为多得些生活经验，不是为关心吹皱一池春水，此所以乡间的诸葛亮即熟读《三国演义》之人也。

通俗文艺的内容须丰富充实。

旧通俗文艺中成功之作，是以事实的充实，逐渐把人物建造起来：赵子龙是常胜将军，因百战百胜，而诸葛亮到死后还能吓退敌人。有时候，尽管事多，而人格并不彰显，但到底有事比无事热闹，"一夜无话"正所以叫起次日的忙碌也。新文艺善利用角度，突破一点，通俗文艺则似乎当用大包围。通俗文艺并不易写，处处需要大批人马，足使新文艺者害怕。新文艺与一般人中间隔着一层板。新文艺会描写大学教授、银行经理、舞女、政客……这些人都会握手，吃大餐，喝汽水……于是一般人看了，就如同看了外国电影，即使热闹，而无所关心，遂失去文艺的感力。大鼓书词里不是讲赵子龙救主，便是二姑娘逛庙。因为大家关心赵将军与二姑娘——逛庙的二姑娘，不是正在舞厅里与一位电影明星讲恋爱的二姑娘。舞厅与庙会比起来，明星与民众比起来，为数多寡，简直没有比例。就是偶尔讲到民间，新文艺也往往是依据着学理，把必然的现象写了出来，而这必然的现象未必即是真情真景，于是它也可以成为较比生动的讲演，而不能成为亲切有味的文艺。学理的明彻，与公式的齐整，不就能产生本固枝荣的在民众血脉中开花结果的文艺。这是我们的失败。通俗文艺须是用民间的语言，说民间自己的事情。

（三）思想与情感：假如通俗文艺的文字并不一定俗到哪里去，如前面所述，那么，恐怕它之所以别于通雅文艺者，就在乎它的态度了。这就是说，在思想与情感上，它所要求的效果不很大。它没有多少征服的野心。反之，它却往往是故意的迎合趋就读众。在这态度上，它吃了大亏，而读者也没占了便宜。新文艺的方法即使不巧妙，可是态度是不错的，它立志要改变读者的思想，使之前进，激动情绪，使之崇高。通俗文艺则近乎取巧，只愿自己的行销，而忘了更高的责任。

不过，我们也须记住：因旧生新易，突变急转难。一蹴而成，使大家马上成为最摩登的国民，近乎妄想。以民间的生活，原有的情感，写成故事，而略加引导，使之于新，较易成功。中国原来讲忠君，现在不妨讲忠国，忠仍是忠，方向却变了。

（四）趣味：文艺毕竟是文艺。《水浒传》中的李逵、鲁智深等都多么粗莽热烈，可也都多么有趣。通俗文艺，无论是歌曲、小说、戏剧，都懂得这个诀窍。连诸葛亮的精明都有时候近乎原始的狡猾，而张飞时时露出儿气。设法使作品有趣，才能使读者入迷。趣味有高下之分，这在善于择选。精神的食粮不能按着头，硬往下灌。前线战士，打完了仗，而非读"善书"不可，是谓非刑。

以上四项，都系偶然想起，对通俗文艺，我并无深切的研究，对与不对，不敢自决。

还要说几句。一般的通俗文艺既不必都俗到极点，而是因合乎读众的脾味而成功，那么不识字的人，怎么办呢？我以为通俗文艺应以能读白话报的人为读众，那大字不识的应另有口头文艺，用各处土语作成，为歌，为曲，为鼓书，为剧词，口传。若无暇学习，也该唱给他们听，演给他们看。不妨由一处制造，而后各处译为土语，广为应用。用国语写成的大鼓书词、朗诵诗等，因言语不通，无法因歌诵而见效果。读的是读的，口诵的是口诵的，前者我呼之为通俗文艺，后者我呼之为大众文艺，又不知对否。

习作二十年

老　舍

在我二十七岁以前，我的职业与趣味所在都是教书与办学校。虽然在中学读书的时候，我已喜爱文学；虽然五四运动使我醉心新文艺，我可并没想到自己也许有一点点文艺的天才，也就没有胆量去试写一篇短文或小诗。直到二十七岁出国，因习英文而读到英国的小说，我才有试验自己的笔力之意。那时候，我的事情不很繁重，差不多每天都能匀出一两个钟头的闲空去写作。又加上许地山先生的鼓励，我就慢慢利用在教育作事六年的经验凑成了乱七八糟的《老张的哲学》。

直到《老张的哲学》在《小说月报》发表了，我还不晓得"题旨"、"结构"等等术语的含意。所以，在发表了几段之后，我就后悔了，颇想把原稿收回，详加修正。这个可是作不到，于是我就又开始写《赵子曰》，希望在这一本书中矫正以前的错误。结果呢，虽然《赵子曰》的内容也许没有像"老张"那么结实，可是在结构上的确有了一点进步。非动笔写不会找到文艺的门径，于是见之。

第三部小说是《二马》，写完它，我就离开了英国。在新加坡住了半年，写成了《小坡的生日》——近已在渝重印。

回国后到济南齐鲁大学去教书，就地取材，写成了《大明湖》；还是《小说月报》发表。稿子刚交出去，"一·二八"的大火便把它烧成了灰。对自己的作品，我向不大重视，所以不留副稿；这回虽吃了大亏，也还没能改正过来我的毛病，到如今我还是不肯另抄存一份。

《大明湖》火葬以后，沪上文艺刊物索稿者渐多。既不能逐一报以长篇，乃试写短篇。短篇比长篇虽写得多，非短时间所能学好，我的第一部短篇集《赶集》，所收集的多是笑话和速写，称之曰小说，实太勉强。

同时，为小型的刊物，我也写杂文，更无足取；所以除了已经绝版的一本《幽默诗文集》，我没有汇印我的杂文，我的杂文，而且永远不拟汇印，我喜欢多多练习，而不顾敝帚千金的把凡是自己写的都硬看成佳作。

继《赶集》而起的短集有《樱海集》与《蛤藻集》。两集中各有一篇稍像样子的，但多数还是滥竽充数。我的才力不长于写短篇。

《大明湖》以后，我写了四部长篇——《猫城记》《离婚》《牛天赐传》与《骆驼祥子》。其中，《骆驼祥子》与《离婚》还有可取之处，《牛天赐传》平平无疵，《猫城记》最要不得。

《老牛破车》是谈自己写作经验的一本小书，不过是些陈芝麻烂谷子而已。

"七七"抗战的那一年，我辞去教职，专心写作，同时写两部长篇。"七七"后流亡出来，两稿（各得数万字）尽弃于济南。

抗战后，因试验旧瓶装新酒的办法，我写过几篇旧式的戏与鼓词多篇；一部分收入了《三四一》集，其余的还未汇印。

因生活的不安定，因体弱多病，在抗战后我写的小说很少，短篇只有《火车集》与《贫血集》，长篇仅一《火葬》，都不好。

剧本倒写了不少，可是也没有一本像样子的：目的在学习，写得不好也不后悔。《残雾》是第一本，乱七八糟。《国家至上》还好，因系与宋之的先生合写的，功在之的也。《面子问题》分量太轻，压不住台。《张自忠》《大地龙蛇》与《归去来兮》全坏得出奇。《虎啸》若略为修改，可以成为好戏，但既系与赵清阁、萧亦五两先生合写的，改起来就不容易，只好随它去吧。《桃李春风》虽然得过奖，里面缺欠可实在不少。此剧系与赵清阁先生合写的，上演时的修正，都是由他执笔的，那时节我正卧病北碚。

我没有诗才，可是在抗战中我也学习诗。勤于学习总有好处，管它成绩如何呢。《剑北篇》本拟写成万行，因病而中辍；何日补完，我自己也不敢说。

今年是我学习写作的第二十年，在量上，我只写了二十多本书；在质上，连一篇好东西也没有。

什么是幽默

老 舍

幽默是一个外国字的译音，正像"摩托"和"德谟克拉西"等等都是外国字的译音那样。

为什么只译音，不译意呢？因为不好译——我们不易找到一个非常合适的字，完全能够表现原意。假若我们一定要去找，大概只有"滑稽"还相当接近原字。但是，"滑稽"不完全相等于"幽默"。"幽默"比"滑稽"的含意更广一些，也更高超一些。"滑稽"可以只是开玩笑，而"幽默"有更高的企图。凡是只为逗人哈哈一笑，没有更深的意义的，都可以算作"滑稽"，而"幽默"则须有思想性与艺术性。

原来的那个外国字有好几个不同的意思，不必在这一一介绍。我们只说一说现在我们怎么用这个字。

英国的狄更斯、美国的马克·吐温，和俄罗斯的果戈里等伟大作家都一向被称为幽默作家。他们的作品和别的伟大作品一样地憎恶虚伪、狡诈等等恶德，同情弱者，被压迫者，和受苦的人。但是，他们的爱与憎都是用幽默的笔墨写出来的——这就是说，他们写的招笑，有风趣。

我们的相声就是幽默文章的一种。它讽刺，讽刺是与幽默分不开的，因为假若正颜厉色地教训人便失去了讽刺的意味，它必须幽默地去奇袭侧击，使人先笑几声，而后细一咂摸，脸就红起来。解放前通行的相声段子，有许多只是打趣逗哏的"滑稽"，语言很庸俗，内容很空洞，只图招人一笑，没有多少教育意义和文艺味道。解放后新编的段子就不同了，它在语言上有了含蓄，在思想上多少尽到讽刺的责任，使人听了要发笑，也要去反省。这大致地也可以说明"滑稽"和"幽默"的不同。

幽默文字不是老老实实的文字，它运用智慧、聪明，与种种招笑的技巧，使人读了发笑，惊异，或啼笑皆非，受到教育。我们读一读狄更斯的，马克·吐温的，和果戈里的作品，便能够明白这个道理。听一段好的相声，也能明白些这个道理。

幽默的作家必是极会掌握语言文学的作家，他必须写得俏皮，泼辣，精辟。幽默的作家也必须有极强的观察力与想象力。因为观察力极强，所以他能把生活中一切可笑的事，互相矛盾的事，都看出来，具体地加以描画和批评。因为想象力极强，所以他能把观察到的加以夸张，使人一看就笑起来，而且永远不忘。

不论是作家与否，都可以有幽默感。所谓幽默感就是看出事物的可笑之处，而用可笑的话来解释它，或用幽默的办法解决问题。比如说，一个小孩见到一个生人，长着很大的鼻子；小孩子是不会客气的，马上叫出来："大鼻子！"假若这位生人没有幽默感呢，也许就会不高兴，而孩子的父母也许感到难以为情。假若他有幽默感呢，他会笑着对小孩说："就叫鼻子叔叔吧！"这不就大家一笑而解决了问题么？

幽默的作家当然会有幽默感。这倒不是说他永远以"一笑了之"的态度应付一切。不是，他是有极强的正义感的，决不饶恕坏人坏事。不过，他也看出社会上有些心地狭隘的人，动不动就发脾气，闹情绪，其实那都是三言两语就可以解决的，用不着闹得天翻地覆。所以，幽默作家的幽默感使他既不饶恕坏人坏事，同时他的心地是宽大爽朗，会体谅人的。假若他自己有短处，他也会幽默地说出来，决不偏袒自己。

人的才能不一样，有的人会幽默，有的人不会。不会幽默的人最好不必勉强要俏，去写幽默文章。清清楚楚、老老实实的文章也能是好文章。勉强要几个字眼，企图取笑，反倒会弄巧成拙。更须注意：我们讥笑坏的品质和坏的行为，我们可绝对不许讥笑本该同情的某些缺陷。我们应该同情盲人，同情聋子或哑巴，绝对不许讥笑他们。

题材与生活

老 舍

　　题材问题恐怕就是写什么的问题，产生这个问题是件好事，这反映了人民对作家的要求和领导对作家的关切，以及作家的向上心。在资本主义国家，写作是为了卖钱，不发生这个问题——进步作家是例外。我们今天正在建设社会主义文学，社会上既万象更新，作家们当然都想写教育性政治性较强的作品，不愿写记忆中的陈芝麻烂谷子，而想写些新的题材来歌颂社会主义。这是人同此心的。我在过去的几年中是这样自期的，今后还要这样做。新的题材我不愿放弃，不会因为讨论题材问题就改变这个做法。不过以后我也许要写旧的，如历史题材和反映旧社会生活的作品。新的旧的都写，也是两条腿走路。这样我就更加从容了，不至于因为写不出现代题材的东西而焦急了。

　　我过去写新题材没有写好。这与生活有关。我从题材本身考虑是否政治性强，而没想到自己对题材的适应程度，因此当自己的生活准备不够，而又想写这个题材的时候，就只好东拼西凑，深受题材与生活不一致之苦。题材如与自己生活经验一致，就能写成好作品；题材与生活经验不一致，就写不好。我写话剧《青年突击队》就因为这个原因写的很差。青年突击队这个题材固然重要，我对它却不熟悉，只到工地去了几次，无法写好。因此，我们应在生活上给作家创造条件，让他们自己去写，自己去选择题目。如赵树理和柳青同志，他们长期在农村中生活，所以写出了好作品。赵树理同志长期"镇守"太行山，我却终年待在北京，今天到柳树井，明天去东四牌楼，生活不够，而创作欲望很强，写作颇勤，勇气可嘉，却没有考虑到自己是否能扛得动那些活儿。我觉得领导上提供题材线索是可以的，问题在如何叫作家去深入生活，和给予从容写作的条件。即使老作家，也要有生活才能写作，没有生活便不能点铁成金。所以首要的问题还是解决深入生活的问题。

题材应是自己真正熟悉的材料，作家可以从各种不同的角度来阐明题材的意义，也就形成了不同的主题。相同的一个题材，莎士比亚写过，本生也写过，而主题却不相同。我们有些作者没有充分的创作准备，作品的主题思想并不是自己从生活中反复思索得来的，而是把政策当作主题，却又不知道政策是怎样得来的。这样写成的作品只是拿一些临时找来的材料来拼凑，硬安上一个主题，怎么能够写好呢？我写话剧《义和团》的时候有些体会：本来这个题材可以有各种解释，可以从各方面去选材。因为我父亲是被洋兵所杀，所以北京虽有些人不喜欢义和团，我可是另有感受，因此要写这个剧本。我感到中国的农民很勇敢，不甘做奴隶，如果受压迫，就要揭竿而起，这就是这个剧本的主题。我过去写的几个剧本，也有先定主题，临时找材料的，正如一件"富贵衣"，没有做到天衣无缝。有时要突出主题就喊几句口号，好像告诉读者说，教育意义就在这里！有时就让支部书记出来说几句话，也为了点明主题！因此我看到自己写的剧本中支部书记讲话，就感到特别难受。主题应当是水到渠成的东西，生活丰富是最重要的。

题材与作家的风格也是有关系的，熟悉了题材，才能产生风格。作家总是选择与他的创作风格一致的题材来写。我就写不出斗争比较强烈的戏。因为天性不是爱打架的人，而且又没有参加革命斗争，所以写起逗笑、凑趣的东西就比较方便一些。我喜欢笑，写悲剧就不大合适。题材、体裁、风格都是有关系的。因此，应当是，谁写什么合适就写什么，不要强求一律。顺水推舟才能畅快。同时也与劳逸结合有关。如果要我关起门来写悲剧就很困难，对健康也许有些损失。所以应多写一些对自己适合的、自己愿意写的东西，也预备写一些虽然现在不熟悉但却可以去熟悉的东西。写新事物，也写旧生活。有人老是写一样的题材也无所不可。有一招就拿出一招来，总比一招也没有好一些。大家都拿出自己的一招来，也就百花齐放了。

现在还有一些老作家没动笔，应当动起笔来。有的青年作者写了一部作品而失败了，不要灰心，不可以一部作品论成败。写了作品没成功也可以得到锻炼。这次没写好，下次就可能写好。三个剧本没写好，也可能利用这三个剧本的材料写成一部小说。长篇写不成就写短篇，小说写不了就写散文，写总比长期搁笔不写好。要经常增加本领，有了本领即使是别人出题也能写出好文章。

人物、生活和语言

老 舍

河北省戏剧创作座谈会给我提了几个问题。我想了想，没想出多少道理来，只能随便谈谈。

写戏主要是写人，而不是只写哪件事儿。新事儿今天新，明天就不新了。我们的社会是突飞猛进的。今天修了个大水库，明天又有了更新更大的水库。只有写出人，戏才能长久站住脚。把1950年的人物写好，到现在还会光彩照人。宋朝的包公，到今天不是还可以古为今用吗?

戏里的领导人物，更应该去努力描写，不应该躲避他。有人问写现代戏应否出现党委书记? 这要根据剧情来决定：该有就写，不该有就不写。但是，需要有党委书记的戏，还是尽量把他写出来，并且应努力写好。因为，领导人物的风度、光彩、行动，都反映出时代精神。只通过电话、指示去写，看不见人，感染力就小。

领导人物要放在生活中去描写。不要只让他出来解决问题。《哥俩好》里的军长，担着土筐，和大家一同劳动。一个新兵要他那颗"星"，两人就掰手腕。他跟兵一个样，平易近人。观众见到这样的军长，会感到很舒服。把自己的儿子交给他会很放心。假如只让他坐在办公室里，给大家说几句空洞的话，指示一番，这就没劲儿。写他参加劳动，和一个新兵很要好，比他讲一大套道理强的多。他的行动闪烁着革命军人的光辉。如不从生活中表现人物，人物就会是空的。老是让领导人物出来，交代那么几句政策，而且这个戏和那个戏都差不多，都是那么死板板的，就不能解决问题。因此，我们在生活中，不仅要热爱和熟悉工人、农民、士兵，也要熟悉和热爱各层领导人物。了解他们怎样工作，怎样生活，不要敬而远之。这样，才有可能把他们写得有骨有肉，不再是干巴巴的了。

戏是要激动人的感情的。当然它也给人以智慧和知识。人家看了戏，既不悲，也不笑，一直是那么冷冰冰的，走出剧场就会忘了。只有打动了观众的心，他们才会接受教育。我们应该检查自己：我写戏为什么写不出人物来？恐怕就因为我们没那份感情，对人物不热爱。他死，他活，对你没有多大关系。"我在这儿是造戏哪"，这就保准写不好。因为这不是带着感情写的。我们看郭老的戏，《屈原》《武则天》《蔡文姬》，都是充满感情写的。他的戏都像在心里存了多少年，所以写出来那样动人。写戏，决不能只考虑如何安排情节，谁先出，谁后出，他怎样，她又怎样，把人物当作傀儡摆布着。应该首先想到：我的剧本要用人来感动人，用人来教育人，没有真正的感情，人物就写不好，剧本必定要失败。

写戏，开始不外乎这么两个因素：有的人因为听到一个故事，想写个戏；有的人因为见到一个或几个人物，想写戏。我们姑且把它叫做灵感吧。不管灵感来自人，还是来自事，你必须写出人来。解放初期，我写了《龙须沟》，治龙须沟这件事，是在报纸上见到的。事情很动人。假如我只写这件事，舞台上布置一道臭沟，让几个人出来挑臭泥、修沟，沟修成啦，戏也到此闭幕，观众准保用手巾捂上嘴，到票房去退票。我没有只写事，我写了个住在龙须沟的人。写他们怎样在这种不堪生活的地方，祖祖代代的艰苦劳动。一个外国朋友看了戏之后说："我没想到中国人的生活能力这样大，能在这种环境下劳动、斗争、生活！"所以，写戏，不要只钻到故事里。有了人物，故事自然也就出来了。未动笔，你要先检查：我的剧本里，到底有几个人是我实实在在熟悉的？不是这样，戏就不会写好。

戏是人带出来的。要让观众从人物小的方面，看出大的方面来。从龙须沟那块臭地方的人民是那样善良、勇敢，就可以看出我们的民族的伟大来。所以写人物，不管是多么小的人物，必须使他比那真人高出一头，一个人不是像我们平常见到的那样简单。因此，要写好人物，我们自己必须高瞻远瞩，胸襟开阔。要把我们的领导、同志、朋友，认识的更深刻一些。要是真的认识了人，我们就会懂得：每个人心里都有很多东西。一个先进的工人、农民，不要以为他们就作了几件事情，他们是社会主义的真正建设者，他们都有很伟大的地方。

剧中人物，不应是张三也行，李四也行，多一个行，少一个也行。应该是多一个也不行，少一个也不可。对人物要胸有成竹，一闭上眼，就看到他们的音容笑貌。这样，戏才会写好。

创作要有材料。有人常问：怎么搜集材料？我说：得好好去生活。生活，就是搜集。有人常说"我有一肚子故事，就是写不出来"。这个人其实并没有故事，要不，为什么写不出来呢？他只是浮光掠影地到处看了看。要聊天，也许能聊一套；细问他，故事中的人物如何，他准答不上来。我们去生活，不能为了去搜集眼前要用的一点点材料。如果找到些材料，就认为够用啦，等到一写戏，就准不行。一个人有脑子有心，有很多很多东西，怎么会在几个星期就体验全了呢！深入生活就是搜集，而不是"采访"。

我们平日的生活，也是搜集。我们要在生活中积累知识。剧作家跟音乐、图画、电影，跟许许多多事物都有关系。知识很广，写游泳要会下水，否则只好写在澡盆里打"扑腾"。一个作家要想知道的多，就要靠平时丰富自己的知识。要会打篮球、游泳、打百分，什么都要参加。只有这样积累，才能应付写作。前几个月，徐兰沅先生送给我一把扇子，是梅先生唱《晴雯撕扇》时撕过的。徐先生把它裱起来。徐先生告诉我：梅先生唱这出戏，都是在前一天，工工整整地画好了扇面，然后到台上去撕。这使我很感动。一个演员为什么要自己画扇面，画的那么精细，然后去撕呢？第一，他会画。第二，对艺术严肃认真。梅先生之所以成为大师，原因就在这里。他什么都学，文武昆乱不挡。那还是在旧社会。我们今天条件这样好，更应努力去掌握知识。只有懂得多，才能使笔下从容。一个作家，虽不必是一部百科全书，但必须知识丰富。天下几乎没有和作家不相干的事情。

比如，你要写这么一个人，就应知道和他类似的好多人。你认识一个青年是这样直爽，那么，还需要认识直爽的中年人和直爽的老年人。这就会让人物在作品里有所发展。我写的车夫骆驼祥子，和《茶馆》里的王掌柜，就是由我看了许许多多的洋车夫和茶馆掌柜后慢慢地把他们凑到一块儿，创造出来的。一个直爽的青年人，有时很粗暴，使人很难堪，不敢接近他。等他有了经验和修养，就不再这样了。虽直爽，但令人可爱了。到了老年，修养更深，还是那么直爽，却更可爱了。这样，我们就看到了一个人的一生。也许在戏里，只写他的青年时代，但也需要知道他的中年和老年。不怕写的少，就怕知道的少，只有把人物看全了，才能把部分写好。作家的笔下一定要有富裕。《茶馆》里的人物，有时只说那么两句话，观众觉得他们还像个人，就因为我知道他们一辈子的事情，而只挑了一两句话让他说。

写戏，很需要技巧，但只凭技巧，不能决定剧本的格调高低。必须从生活出发，真正写出几个人物，剧本的格调才会高起来。《三击掌》的格调高，因为王宝钏写的高。她是丞相的女儿，自幼娇生惯养。但是为了爱情，敢和嫌贫爱富的父亲击掌决裂。到《武家坡》她就低下去了。人物低了，戏也低了。《武家坡》的技巧颇好，可见光凭技巧是不行的。是人控制着戏，不是戏控制着人。

最后，谈谈语言问题。不管是话剧，还是戏曲，语言都应该既通俗又有文艺性。我们的本领，就在于会用普通话，话里面又有味道，有思想。不应专在一些文言修辞上下功夫，那会让人听不懂。要考虑让观众听了发生共鸣，让他们也去想。有个戏，写国民党统治时期，两个小学教员的谈话。一个说："看这群孩子多可怜，个个面如菜色！"我觉得"面如菜色"就不够通俗。不如说成"看看孩子们多可怜，个个面黄肌瘦"更通俗些。只有观众听懂了，才能打动他们的心，假如把这句话再改一下，改成"看看孩子们的脸！"这样观众不仅听得懂，还会引导他们去想，就更有力量。一个作家必须能调动语言。不用去查《辞源》《佩文韵府》，现成的语言有的是。你要想法去找，去调动。我在《茶馆》里，形容一个算卦的抽白面儿。他把白面儿装到哈德门烟上抽，叫做"高射炮"。哈德门烟是英国货，白面儿是日本货。他抽得很得意，说："大英帝国的烟，日本帝国的白面儿，两个大帝国伺候我一个人，多造化！"这句话概括了帝国主义怎样侵略我们的。用幽默的话，写出了令人辛酸的事儿。所以，我们要寻找那种说得很现成，含义却很深的语言。好的语言，可以从一句话里看到一个世界。名导演焦菊隐先生说：词儿里面有戏，有动作。这样，他就有法导演了。我们的语言，不能像老戏那样："你好比""我好比"，比个二十八个，也不过还是那点事儿。

怎么提炼语言呢？首先是你要多掌握语言。掌握的多了，使用时就能有所选择。选择就近于提炼。要根据人物性格，根据所处的环境，决定用这几个字而不用那几个字。前几天，看了一个剧本，写一个生产队长喝了酒回家。他的太太问道："又哪儿喝了猫尿回来啦？"就不确切。这场戏虽是写他太太反对他，但对他还是很关心的。如他太太只是轻微的责备，不希望打起来的话，就不该用"猫尿"这词儿。所以，语言选择必须恰当。不怕话通俗，就怕用的不是地方。使用语言的原则，应是：一要通顺，二要精辟。

深入生活，大胆创作

老　舍

近来，看了不少好戏，非常兴奋。十几年来，我自己虽也写了一些现代题材的戏，但看了人家的戏以后，再一比较，就显得自己写的差得很多。过去，有时看到生活中的某些现象，使自己很感动，就动手写起戏来。说它是戏，实际只能算是活报剧。最近看的一些戏，的确是戏，而且是好戏。虽然还不能说是十全十美，可确是新颖、动人。

为什么自己没有把戏写好呢？检查起来，主要有两个原因：

第一是生活不够。例如，过去写过关于女店员生活的戏，由于只是从表面上去写，对生活没有很好地深入进去，因而感人不深。又如，算是比较完整的一个戏《全家福》，原意是要歌颂人民警察的，可是对人民警察的了解很不够。也不是不想去了解，看到他们的工作很紧张，就有点不好意思去纠缠，因此，剧中人物写得不够深刻动人。在我写的戏中，往往是老人老事气氛多，新人新事气氛不够。如果能够深入生活，我想，戏是能写好的。

第二是学习马列主义不够。对生活现象是看到了，但看得不深，而且不善于分析。写起戏来，往往是以可有可无的幽默勉强支撑起来，用来博得观众一笑。文学艺术必须为社会主义经济基础服务，这十分重要。过去，我根本没有想过这个问题。这说明自己对马列主义的学习太差。

我们欢迎现代题材的戏，也不排斥历史题材的戏。现代题材的戏，是以今天的事情，今天的斗争，今天的人物解决今天的矛盾。历史题材的戏再好，至多也只能让我们想起了古人，间接地受点教育，不能帮助人们直接解决今天的问题。今天我们正在开辟共产主义的大道，这是了不起的事。我们的戏，就要反映这了不起的事，要通过舞台，教育人民，启发人民。今天，这么多的人来看现代戏，并不单是为了消遣，也是要学习如何看问题，如何解决问题。

反映现代生活的戏，不怕多。今天，我们的生活无比丰富，到处都是热腾腾的，只要能深入到火热的生活和斗争中去，不愁没有可写的。刘厚明同志下乡不过几个月，就带回一个《箭杆河边》，最近又写出了一个《山村姐妹》。今天，到处都有写作的题材，不必担心重复。况且各方面的人，比如，生产战线上的，服务行业中的……都要求我们在作品中能够反映他们。真是写也写不完。

前些天，《人民文学》约我写个剧本，要反映建国十五年来某一方面变化的，这个面太宽，怎么写呢？想来想去，想到写写三轮车工人吧。大家知道，三轮车工人不是生产工人，而三轮车是要逐渐被代替的交通工具。当然，随着三轮车的消灭，他们这一行，也就不再存在。但他们的儿子、孙子，有的已经去开汽车，有的已经进了工厂。这个戏如果写好了，也可以反映出三轮车工人是怎样过社会主义关的。这不也很有普遍意义吗？

现在，各行各业都要看话剧，也都要求写他们，演他们。有一个三轮车服务站的主任，拉过两轮车，也蹬过三轮车，他说，把我们由两轮车到三轮车、四轮车（汽车）的变化写出来，也好让将来的人们知道这段历史。说起今天的三轮车工人，真是教人可爱，不由得你不去写。他们成天那么辛辛苦苦，不完全是为了钱。在同仁医院门前的三轮车工人，我就了解过，他们拉的虽然都是病人，但是因为病人的情况不同，拉法也不同，说明他们很能体贴病人。有的天天拉病人去医院，替病人挂号，取药，耽误了好半天，也不额外多要钱。病人没钱也不要紧，明天还是照样送到医院。说明他们过了社会主义这一关。像这样可爱的三轮车工人，你说值不值得写呢？

要求我们写的人越来越多，可以写的题材也到处都有，而要把戏写好，我们就必须深入生活，好好学习马列主义。

我们写戏，不能让旧形式束缚住，实际上也束缚不住。反映新社会新生活，旧形式肯定是不够用的，新形式必然出现。老的戏剧分类，如悲剧、喜剧、正剧等，也束缚不住我们。比如，《千万不要忘记》中打野鸭子的那件事情，也可能成为正统悲剧，假若打野鸭子的一直堕落下去，以至死亡。但在我们的社会里，对于人民内部的问题，却不应那样处理，而要通过批评、通过思想改造，达到团结，使它不成为悲剧。人物必须死才是悲剧。所以我管《千万不要忘记》叫作"正喜剧"。用的是喜剧手法，可又不是单纯的喜剧，而是要大家在愉快的笑声中接受正面教育。

谈到表演手法和舞台设计，我认为，首先应为工农兵服务，要让他们看得明白。表演方法要创新，舞台设计也要创新。佐临同志在《激流勇进》中利用灯光与机关布景的做法就很足以帮助观众更好地了解人物与剧情。我们应该把胆子放大一些，利用一切有利条件，来加强社会主义话剧的表现力量。这样做，和旧日戏曲舞台的某些机关布景完全是两回事。导演要敢想敢干，敢于创造，演员也要敢于创造。同时，也要学习传统戏曲的声调、形象、基本功、表演技巧等。例如，北京市农村文化工作队，原是由各个剧种的演员组成的，最近，他们演出的《山村姐妹》，有一个评剧老演员，在这个戏中扮演老人，嗓子虽不太好，但咬字清楚有力，很受观众欢迎。像这种表演技巧，就很值得我们借鉴。

图书在版编目（ＣＩＰ）数据

不因畏难而搁笔：回忆老舍/罗常培等著. —北京：中国文史
出版社，2018.7

（百年中国记忆·文化大家）

ISBN 978 - 7 - 5205 - 0404 - 1

Ⅰ.①不…　Ⅱ.①罗…　Ⅲ.①老舍（1899—1966）—回忆录
Ⅳ.①K825.6

中国版本图书馆 CIP 数据核字（2018）第 147207 号

责任编辑：李军政

出版发行：**中国文史出版社**

社　　　址：北京市西城区太平桥大街 23 号　　　邮编：100811

电　　　话：010 - 66173572　66168268　66192736（发行部）

传　　　真：010 - 66192703

印　　　装：北京新华印刷有限公司

经　　　销：全国新华书店

开　　　本：787×1092　1/16

印　　　张：15　　　　　　　　　　　　字数：190 千字

版　　　次：2019 年 1 月北京第 1 版

印　　　次：2019 年 1 月第 1 次印刷

定　　　价：48.00 元
